Juegos del

amor

LA AUTORA

Mabel Iam (Miami) es psicoterapeuta experta en relaciones, exitosa conductora y productora de TV, radio y es autora de numerosos libros. Sus obras de autoayuda, sexualidad, psicología, ángeles y astrología, son bestseller en todo el mundo. Iam ha recibido el premio Latino Literary Book Award, mejor libro en la categoría de autoayuda, por su obra *Qué hay detrás de tu nombre*, otorgado en el 2003 (Book Expo) en Los Ángeles, California. Sus libros *Sex and the Perfect lover* y *El Sueño del Amor*, han sido nominados como mejores libros de no ficción bilingüe, para el Latino Book Award, en BEA, New York, U.S.A., 2005.

CORRESPONDENCIA CON LA AUTORA

Para contactar o escribirle a la autora, o para mayor información sobre este libro, envíe su correspondencia a Llewellyn Español para serle remitida a la misma. La casa editorial y la autora agradecen su interés y sus comentarios sobre la lectura de este libro y sus beneficios obtenidos. Llewellyn Español no garantiza que todas las cartas enviadas serán contestadas, pero le asegura que serán remitidas a la autora:

Por favor escribir a:

Mabel Iam
℅ Llewellyn Español
2143 Wooddale Drive
Woodbury, MN 55125-2989 U.S.A.

Incluya un sobre estampillado con su dirección y $US 1.00 para cubrir costos de correo. Fuera de los Estados Unidos incluya el cupón de correo internacional.

Juegos del
amor

Astro-guía para la seducción

MABEL IAM

Llewellyn Español
Woodbury, Minnesota

PRIMERA EDICIÓN
Primera impresión, 2005

Coordinación, edición y diseño del interior: Edgar Rojas
Diseño de la portada: Kevin R. Brown
Ilustración de la portada: Digital Vision

Library of Congress Cataloging-in-Publication Data.
Biblioteca del Congreso. Información sobre esta publicación.
Iam, Mabel.

ISBN 0-7387-0642-6

Llewellyn Español
Una división de Llewellyn Worldwide, Ltd.
2143 Wooddale Drive; Dpto. 0-7387-0642-6
Woodbury, MN 55125-2989 U.S.A.
www.llewellynespanol.com
Impreso en los Estados Unidos de América.

TABLA DE CONTENIDO

*La Astrología representa la suma de todos
los conocimientos psicológicos de la antigüedad.*

— C. Jung

INTRODUCCIÓN

Cada individuo tiene su propio modelo del mundo, a través de esa matriz interior, genera distintos comportamientos con las personas con las que se relaciona. Las diferentas conductas que generamos en cada situación de nuestra vida son el punto, núcleo y la columna vertebral que cste libro tiene como objetivo.

En general, debido a la errónea interpretación que los seres humanos poseemos sobre el amor y de las relaciones con los demás, vamos creciendo con prejuicios o defensas para no mostrarnos vulnerables ante un mundo cada vez más competitivo.

Así nos vamos convirtiendo en seres aparentemente adultos, pero en esa maduración sólo externa podemos comenzar a ocultar nuestras necesidades emocionales hasta llegar a crear un muro entre nosotros mismos y los demás. En algunos casos llegar a enfermarse por reprimir las reales necesidades o los verdaderos deseos. Además, sin duda ante cualquier impulso que pueda parecer instintivo o descontrolado ante los ojos de los demás y de nosotros mismos —especialmente en lo que se refiere al plano sexual— podemos interpretarlo muchas veces en forma negativa.

Esto va creando una serie de malentendidos y falsas conclusiones entre nuestra realidad y la fantasía que tenemos del mundo y sus mecanismos con relación a los seres que nos rodean.

Todos los seres humanos necesitan aumentar el registro de los comportamientos y aprender otros nuevos que resulten más adecuados. Ya que la realidad nos va mostrando que los comportamientos que establecemos con los demás no siempre nos dan satisfacción.

La fuerza vital de toda persona sea de cualquier signo, religión, sexo o raza está regida por los instintos más primarios del ser humano, y el fluir de esta fuerza vital se relaciona directamente con las necesidades sexuales de cualquier individuo.

Muchas personas reprimen y desconocen sus emociones o sentimientos tanto eróticos como afectivos porque sienten, por diferentes condicionamientos sociales o culturales, una culpabilidad falsa y ésta lo único que provoca es la imposibilidad de conocerse a sí mismo.

Por ello la función de este libro es aligerar y dar luz a las relaciones amorosas y sensuales. Utilizando la astrología como herramienta de conocimiento.

El objetivo del texto es explorar los signos del zodíaco y sus características, tomando los signos como zonas y arquetipos de referencias concretas del conocimiento interior. Cada capítulo ilustrará en forma específica como funciona la energía material, erótica y afectiva de cada signo.

EL SOL MARCA LA CAPACIDAD DE CONOCER NUESTRA IDENTIDAD

Cuando una persona dice "yo soy de tal o cual signo" la mayoría de la gente no sabe que poseen las características de ese signo con el cual se identifican porque en el momento de su nacimiento el Sol estaba transitando por ese signo.

Por ejemplo, una persona nacida el 24 de julio pertenece al signo de Leo porque el Sol estaba transitando en ese momento por ese signo. Otra persona que nace en enero es de Capricornio porque el Sol estaba transitando por ese signo y así sucesivamente.

El Sol representa el centro de nuestra identidad, es la zona más consciente y con la cual uno se identifica. El Sol a nivel astrológico representa la vitalidad, el sentido de la individualidad, la energía creativa, el Yo interior, la armonía del alma, los valores esenciales.

El Sol a nivel psicológico está relacionado con el impulso de ser y de crear, la necesidad de expresar y de ser reconocido.

El Sol según el signo donde se encuentre nos va marcar nuestra capacidad de saber, como somos, quiénes somos, cómo sentimos, creamos, con quién nos identificamos, qué poder tenemos y cómo es nuestra identidad.

Cada signo solar corresponde a un elemento de energía vital combinada con una forma con la que expresa su vibración energética. Los signos astrológicos o signos solares simbolizan los rasgos y diferencias que identifican el temperamento de una persona.

Un signo astrológico señala un patrón de pautas energéticas que cada persona experimenta según el signo, que le corresponda. También, el signo refleja diferentes conductas con las que va a actuar en la vida diaria esa persona, ya sea en el ámbito emocional, mental o físico.

Por lo tanto, conociendo las características de su signo una persona puede lograr ser más consciente de sí misma, puede comprender su destino y también lo pude iluminar y cambiar.

Los acontecimientos exteriores deben comprenderse como situaciones que por nuestro tipo de energía especifica atraemos hacia nosotros. En la medida que nos conocemos y tomamos conciencia de nuestra personalidad, atraemos a nuestro destino lo que deseamos en forma cada vez más positiva y evolutiva.

Para conocernos debemos comenzar por observarnos y estar alerta de nuestros pensamientos, acciones y emociones en cada situación y observar cuál es el mecanismo que provoca el maltrato o el amor que recibimos. Cuál es el mecanismo erróneo que nos da infelicidad o cuál es la conducta exacta que atrae alegría y abundancia a nuestra vida.

La verdadera utilidad de la astrología es obtener una perspectiva mejor para cada individuo. Descubriendo y ahondando el alma de cada ser humano para penetrar en el conocimiento más esencial, en la verdadera manifestación que cada persona viene a expresar en esta vida.

El corazón y sus signos

En muchas situaciones en nuestra vida nos encontramos seducidos por la forma de ser de la persona, la forma de moverse, por esa mirada, esa voz. Ciertas características del amado se vuelven irresistiblemente fascinantes. De hecho, ellas tienen el don de coincidir con nuestro deseo. Pero, a veces, ese mismo deslumbramiento nos hace sucumbir y no sabemos cómo manejarnos ni siquiera en los más pequeños detalles.

La proximidad provoca mucha agitación o confusión y a veces fantasías nunca concretadas. Sentimos que hemos sido cautivados. Pero, en realidad, lo que no comprendemos es que el amor se alimenta de lo que sucede dentro de nosotros.

El objetivo del libro es mostrar que la persona que nos cautiva, atrae, nos provoca, rechaza o cualquier sentimiento puede ser un reflejo de nuestra propia energía. Por lo tanto, al comprender nuestra propia identidad podemos saber a quienes nos acercamos, censuramos, aceptamos o de quienes nos enamoramos. De esta forma nosotros podemos construir nuestro destino con responsabilidad y conciencia.

En este libro encontrarás una información de gran utilidad para tu vida en relación afectiva y en tu vínculo general con los demás miembros de la sociedad a la que perteneces. Podrás conocer los secretos más concretos desde cómo te conectas con el dinero, con tus amigos hasta llegar a descubrir los más altos y calientes deseos eróticos de tu futuro amante.

Te revelaremos los trucos para seducir y conquistar mejor a tu pareja cada día conociendo las partes luminosas y oscuras que tienes que cuidar o mejorar. Con consejos de autoayuda podrás resolver problemas eróticos, sorprender, fascinar y enamorar a quien desees. Aquí obtendrás las claves para aumentar tu autoestima a través de la guía que se describe en cada capítulo para cada situación.

Podrás leer distintas revelaciones acerca de tu personalidad y de aquellos que te rodean para lograr un triunfo total en cada momento.

Estoy segura que una vez que comiences a leer este texto lo llevaras debajo del brazo como un consejero muy útil. Este libro propone técnicas creativas, con amor y humor para salir de la rutina y combatir toda monotonía en las relaciones.

Siguiendo tu destino con libertad cada zona de este libro te ayudará a superar y trasformar tus relaciones. Poseerás las soluciones para ser irresistible en tus vínculos y podrás llenar de alegría tu corazón.

Carácter es destino. Mejorando tu personalidad
creas buenas condiciones para tu futuro.

Mis mejores bendiciones para ti,

Como cada planeta disfruta con libertad el camino de su propia órbita.
Como las estrellas del cielo continúan fielmente el diseño universal
de sus senderos. Sigue tu luz interior y construye con tu corazón
tu propio destino. Tú eres una estrella.

— M. I.

CARACTERÍSTICAS DE LOS SIGNOS

Cada individuo tiene dentro de su psique personal una mitología que coincide notablemente con la mitología universal. Este paralelismo entre la mitología universal y la individual nos puede ayudar a reorganizar nuestras relaciones con los demás y comprender nuestros defectos y virtudes.

La astrología es una ciencia que nos puede informar claramente sobre los mecanismos con los cuales actúan los arquetipos. Con una comprensión para lograr más conciencia en una forma muy directa y profunda. Podemos saber como funcionan estos mecanismos y así obtener un estado energético y psíquico del libreto personal, que nosotros mismos creamos de nuestra vida, para realizarnos en todo sentido.

La nueva psicología plantea que los planetas son personajes o seres internos que funcionan como arquetipos inconscientes. Antiguamente eran los dioses que personificaban las más grandes historias románticas, pasionales y eróticas.

El proceso de percibir desde nuestro interior estos personajes es la clave para expandir el nivel de nuestra conciencia, ser más partícipes y protagonistas de nuestra existencia y destino.

Aquí describiremos por orden las características de cada signo, los mitos que les corresponden, sus funciones cósmicas, su planeta regente, su lado oscuro y luminoso, etc.

ARIES

Nacidos entre el 21 de marzo al 20 de abril

Función cósmica: La iniciativa
Elemento: Fuego
Calidad: Cardinal (activo)
Polaridad: Yang
Regente: Marte
Meditación para realizar cada día: Caminante, no hay camino; se hace camino al andar
Gemas y cristales: Rubí, diamante, jaspe
Frase clave: Yo soy
Símbolo: La cabeza y los cuernos del carnero
Anatomía: Cabeza, cara, oído
Colores: Rojo, blanco
Animal: Carnero, oveja, ternero
Mitos / leyendas: Jasón y el Vellocino de Oro, Palas Atenea
Signo opuesto y complementario: Libra
Flor: Geranio

SU LADO LUMINOSO	SU LADO OSCURO
Seguro de sí mismo	Descuidado
Dinámico	Beligerante
Innovador	Impulsivo
Valiente	Destructivo
Incisivo	Abusivo
Exuberante	Infantil
Inspirado	Torpe
Asertivo	Irreflexivo
Intrépido	Impaciente
Independiente	Tirano

TAURO

Nacidos entre el 21 de abril al 20 de mayo

Función cósmica: La estabilidad

Elemento: Tierra

Calidad: Fijo (receptivo)

Polaridad: Ying

Regente: Venus

Meditación para realizar cada día: Los bienes más valiosos son el alma y el corazón

Gemas y cristales: Esmeralda, lapislázuli, jade

Frase clave: Yo tengo

Símbolo: La cabeza del toro

Anatomía: cuello, garganta y ojo

Colores: Verde, rosa

Animal: Toro, vaca, buey

Mitos / leyendas: Europa, el toro de Minos y el laberinto de Creta

Signo opuesto y complementario: Escorpión

Flor: Violeta

SU LADO LUMINOSO	SU LADO OSCURO
Realista	Materialista
Persistente	Posesivo
Estable	Obstinado
Paciente	Testarudo
Próspero	Letárgico
Confiable	Celoso
Cariñoso	Auto-indulgente
Artístico	Resentido
Leal	Avaro
Relajado	Inflexible

GÉMINIS

Nacidos entre el 21 de mayo al 20 de junio

Función cósmica: Las posibilidades

Elemento: Aire

Calidad: Mutable (flexible)

Polaridad: Yang

Regente: Mercurio

Meditación para realizar cada día: No aspiro a vencer la contradicción sino a encontrar la simetría perfecta

Gemas y cristales: Ágata, Zafiro

Frase clave: Yo comunico

Símbolo: Los pilares de la dualidad

Anatomía: brazos, pulmones, nariz

Colores: Amarillo, Naranja

Animal: Mono, loro, mariposa

Mitos / leyendas: Cástor y Pólux, Elena y Clitemnestra

Signo opuesto y complementario: Sagitario

Flor: Lirio del Valle

SU LADO LUMINOSO	SU LADO OSCURO
Habilidoso	Inestable
Rápido	Chismoso
Multifacético	Distante
Ingenioso	Engañoso
Informado	Frívolo
Adaptable	Desconcentrado
Racional	Nervioso
Comunicativo	Tenso
Juvenil	Inconsistente
Inquisitivo	Superficial

CÁNCER

Nacidos entre el 21 junio al 22 de julio

Función cósmica: La sensibilidad
Elemento: Agua
Calidad: Cardinal (activo)
Polaridad: Ying
Regente: Luna
Meditación para realizar cada día: Yo le doy alimento a mi alma
Gemas y cristales: Perla, piedra luna, nácar
Frase clave: Yo siento
Símbolo: Las pinzas del cangrejo
Anatomía: Boca, estómago, glándulas mamarias
Colores: Azul, blanco, plateado
Animal: Cangrejo, tortuga, canguro
Mitos / leyendas: El Cangrejo, Hércules y la Hidra
Signo opuesto y complementario: Capricornio
Flor: Lirio acuático

SU LADO LUMINOSO	SU LADO OSCURO
Tierno	Asfixiante
Devoto	Defensivo
Sentimental	Inseguro
Protector	Temperamental
Sensible	Manipulador
Tenaz	Desconfiado
Cuidadoso	Ansioso
Intuitivo	Aislado
Magnético	Vengativo
Maternal y paternal	Susceptible

LEO

Nacidos entre el 23 de julio y el 21 de agosto

Función cósmica: La creatividad
Elemento: Fuego
Calidad: Fijo (receptivo)
Polaridad: Yang
Regente: Sol
Meditación para realizar cada día: Mi ser brilla al unísono con la creación
Gemas y cristales: Diamante, ojo de tigre, rubí
Frase clave: Yo ilumino
Símbolo: La cola del león
Anatomía: Corazón, pecho
Colores: Dorado, Naranja
Animal: León, pavo real, gallo
Mitos / leyendas: Apolo, Hércules y el León de Nemea
Signo opuesto y complementario: Acuario
Flor: Girasol

SU LADO LUMINOSO	SU LADO OSCURO
Leal	Egocéntrico
Creativo	Arrogante
Distinguido	Dominante
Dramático	Pomposo
Valiente	Insolente
Honorable	Ostentoso
Amable	Intolerante
Dinámico	Egoísta
Alegre	Condescendiente
Generoso	Dogmático

VIRGO

Nacidos entre el 22 de agosto al 21 de septiembre

Función cósmica: La productividad
Elemento: Tierra
Calidad: Mutable (flexible)
Polaridad: Ying
Regente: Mercurio
Meditación para realizar cada día: El amor se expresa con servicio
Gemas y cristales: Topacio, Sardonix
Frase clave: Yo perfecciono
Símbolo: La espiga de trigo
Anatomía: Intestinos, piel
Colores: Verde-gris, azul marino
Animal: Conejo, hormiga, abeja
Mitos / leyendas: La Virgen, Astraea, Merlín
Signo opuesto y complementario: Piscis
Flor: Ranúnculo

SU LADO LUMINOSO	SU LADO OSCURO
Metódico	Escéptico
Práctico	Nervioso
Servicial	Superficial
Consciente	Tedioso
Humilde	Intolerante
Eficiente	Hipocondríaco
Meticuloso	Mojigato
Modesto	Cobarde
Trabajador	Brusco
Perfeccionista	Hipercrítico

LIBRA

Nacidos entre el 22 de septiembre al 22 de octubre

Función cósmica: La mediación
Elemento: Aire
Calidad: Cardinal (activo)
Polaridad: Yang
Regente: Venus
Meditación para realizar cada día: Mi vida es una obra de arte
Gemas y cristales: Zafiro, cuarzo Rosado
Frase clave: Nosotros nos complementamos
Símbolo: La balanza, el ocaso del sol
Anatomía: Riñones, colon, vesícula
Colores: Beige, colores suaves, pastel
Animal: Paloma, aves cantoras
Mitos / leyendas: La balanza: Thoth y Maat, Anubis, Hermes
Signo opuesto y complementario: Aries
Flor: Flor de liz

SU LADO LUMINOSO	SU LADO OSCURO
Sociable	Indeciso
Amable	Hipócrita
Refinado	Desconsiderado
Imparcial	Pretencioso
Lógico	Vanidoso
Considerado	Influenciable
Artístico	Enamoradizo
Diplomático	Distante
Civilizado	Peleador
Pacífico	Indolente

ESCORPIÓN

Nacidos entre el 23 de octubre al 21 de noviembre

Función cósmica: La renovación
Elemento: Agua
Calidad: Fijo (receptivo)
Polaridad: Ying
Regente: Marte y Plutón
Meditación para realizar cada día: Soy dueño de mi vida
Gemas y cristales: Ópalo, ámbar, amatista
Frase clave: Yo deseo
Símbolo: La cola del escorpión
Anatomía: Genitales, vejiga, colon
Colores: Burdeos, negro
Animal: Escorpión, reptiles, camaleón
Mitos / leyendas: El hombre escorpión, el ave Fénix
Signo opuesto y complementario: Tauro
Flor: Orquídea

SU LADO LUMINOSO	SU LADO OSCURO
Apasionado	Auto-destructivo
Intenso	Vengativo
Erótico	Extremista
Capaz	Reprimido
Psíquico	Obsesivo
Leal	Desconfiado
Curioso	Dictatorial
Magnético	Resentido
Cauteloso	Manipulador
Esotérico	Celoso

SAGITARIO

Nacidos entre el 22 de noviembre al 21 de diciembre

Función cósmica: La visión
Elemento: Fuego
Calidad: Mutable (flexible)
Polaridad: Yang
Regente: Júpiter
Meditación para realizar cada día: Soy espíritu dentro de un cuerpo
Gemas y cristales: Topacio, amatista
Frase clave: Yo busco
Símbolo: La flecha del arquero
Anatomía: Caderas, muslos, hígado
Colores: Azul rey, púrpura
Animal: Caballo, elefante, venado
Mitos / leyendas: El sátiro, el centauro, Quirón
Signo opuesto y complementario: Géminis
Flor: Crisantemo

SU LADO LUMINOSO	SU LADO OSCURO
Comprensivo	Torpe
Aventurero	Extravagante
Filosófico	Extremista
Tolerante	Fanático
Generoso	Condescendiente
Optimista	Excesivo
Sabio	Ingenuo
Jovial	Prejuicioso
Filantrópico	Descuidado
Atlético	Irresponsable

CAPRICORNIO

Nacidos entre el 22 de diciembre al 19 de enero

Función cósmica: La madurez
Elemento: Tierra
Calidad: Cardinal (activo)
Polaridad: Ying
Regente: Saturno
Meditación para realizar cada día: Me elevo para elevar a los demás.
Gemas y cristales: Onix, obsidiana, azabache
Frase clave: Yo asciendo
Símbolo: La cabra y la cola del dinosaurio
Anatomía: Huesos, dientes, piel
Colores: Negro, verde, azul metálico, marrón
Animal: Cabra, cocodrilo, lechuza
Mitos / leyendas: El Hombre Pez, Ea, Pan
Signo opuesto y complementario: Cáncer
Flor: Pensamiento

SU LADO LUMINOSO	SU LADO OSCURO
Consciente	Pesimista
Respetuoso	Reprimido
Paciente	Miedoso
Disciplinado	Rígido
Ambicioso	Controlador
Responsable	Maquiavélico
Frugal	Avaro
Prudente	Melancólico
Cuidadoso	Fatalista
Reservado	Despiadado

ACUARIO

Nacidos entre el 20 de enero al 18 de febrero

Función cósmica: La libertad
Elemento: Aire
Calidad: Fijo (receptivo)
Polaridad: Yang
Regente: Saturno y Urano
Meditación para realizar cada día: Soy libre para amar y crear nuevos caminos
Gemas y cristales: Cuarzo y aguamarina
Frase clave: Yo sé
Símbolo: Las ondas de la energía eléctrica y vibracional
Anatomía: Pantorrillas tobillos, circulación
Colores: Calipso, azul eléctrico, tornasoles
Animal: Águila, pavo real
Mitos / leyendas: El Aguador, Ea, Hapi, Enkidu, Prometeo
Signo opuesto y complementario: Leo
Flor: Clavel del aire

SU LADO LUMINOSO	SU LADO OSCURO
Amistoso	Aislado
Humanitario	Impredecible
Libertario	Contradictorio
Original	Frío
Científico	Tenso
Independiente	Inhibido
Intelectual	Subversivo
Futurista	Excéntrico
Objetivo	Desconcentrado
Idealista	Intransigente

PISCIS

Nacidos entre el 19 de febrero al 20 de marzo

Función cósmica: La conexión divina
Elemento: Agua
Calidad: Mutable (flexible)
Polaridad: Ying
Regente: Júpiter y Neptuno
Meditación para realizar cada día: Me entrego a la compasión divina
Gemas y cristales: Aguamarina, amatista
Frase clave: Yo imagino
Símbolo: Dos peces unidos por un cordón de plata, nadando en
    direcciones opuestas
Anatomía: Pies, sistemas linfático e inmunológico
Colores: Violeta, verde mar
Animal: Delfín, ballena, peces
Mitos / leyendas: Los peces, Venus y Cupido, Tifón
Signo opuesto y complementario: Virgo
Flor: Loto

SU LADO LUMINOSO	SU LADO OSCURO
Visionario	Susceptible
Compasivo	Confuso
Poético	Falto de voluntad
Generoso	Escapista
Impresionable	Masoquista
Tierno	Adicto
Imaginativo	Dependiente
Místico	Inconsciente
Sensible	Iluso
Intuitivo	Perdido

LOS JUEGOS DEL AMOR
Y SUS SIGNOS

Capítulo 1

ARIES: La iniciativa

ATRACCIÓN

Cómo seducen los arianos

Ambos sexos de este signo como compañeros, tan hiper-dinámicos e hipertensos, corren el peligro de llevar una vida monótona. La energía, la fuerza vital que irradia, ese espíritu que lo conduce a iniciativas constantes, la confianza en sí mismo, así como sus accesos de entusiasmo y sus arranques comunicativos, pueden llegar a avasallar.

El enfoque positivo de la vida que tienen estos nativos, es una ventaja en toda relación, pero el ariano es impulsivo y si no, no es un ariano típico.

Como son muy emocionales y apasionados, necesitan el desafío de alguien igualmente emocional y apasionado, alguien que no tema demostrar sus sentimientos y que sea romántico. Los candidatos suelen ser atraídos por la fuerza exterior y la aparente autoestima de no temerle a nada, pero internamente es vulnerable aunque esté decidido a no demostrarlo.

Sociables y extrovertidos, los arianos constituyen una maravillosa compañía y normalmente son el alma de cualquier fiesta, gracias a su carácter animado y entusiasta. Sin embargo, a veces Aries puede poner los pelos de punta por rabia o excitación, si se siente contrariado en el amor o en cualquier otra cosa.

Esto ocurre normalmente cuando siente que la persona que ama les ha fallado, especialmente si se dan cuenta que no son el centro de la vida de la persona que ellos quieren.

Con frecuencia se enamoran a primera vista, y al instante ponen a su amor en un pedestal. Aquí es donde comienza el problema: la persona Aries se sentirá desilusionada cuando descubra que, después de todo, su amante no es más que un ser humano.

Es posible que un ariano sienta que le gusta ser como es y que no está decidido a cambiar su personalidad en nada, pero deben disminuir un poco la forma de manifestar todo lo que piensan, que comprendan el valor de la paciencia y quizá que a veces sean un poco menos sinceros respecto de sí mismos, por lo menos hasta que conozca un poco mejor al futuro/a enamorado/a. Eso lo hará mucho más interesante y magnético/a.

En resumen, no es frecuente que las relaciones de las personas fuertemente influenciadas por este signo tan marciano, resulten duraderas ni apacibles. En cambio, suelen ser numerosas sus relaciones, que nacerán de la atracción sexual, más que de la armonía entre dos personas.

CONQUISTA

EL HOMBRE

El primer paso es estar segura y prevenida que surgirán muchas batallas y no siempre conquistas. El ariano quiere ser el cazador, el amante arrollador que domina en el idilio. Lo mejor para conquistarlo es tener un aire de misterio. Este hombre nunca debe sentirse seguro. Si nota que es evidente que piensas comprometerte con él para siempre, desaparecerá el interés y quizás también él. Nunca se te ocurra tomar la iniciativa aunque él bombardee con flores, llamadas telefónicas y cenas románticas. Para atrapar al ariano y mantenerlo junto a una, lo mejor es prepararse para el juego de la espera: no estés en tu casa cuando él llame (o no lo atiendas) y no respondas siempre a los mensajes que te deja en el contestador. A Aries le atraen las personalidades evasivas, confusas, con un toque frío o indiferente. En el aspecto sexual, es importante ser apasionada, porque estimula sus emociones tan ardientes, recrean su pasión, acrecentando el deseo de verte y poseerte en todo momento. ¡Cuidado! No pienses que el ariano se traga el anzuelo como un pez, todavía hay mucho que aprender. Puede que cuando ya creas haber logrado algo, se te presente delante de ti un día diciendo: "Soy el mejor. Necesitas a alguien como yo. ¿Dónde has estado hasta ahora perdiendo el tiempo?"

El ariano se siente impulsado a lograr siempre lo que quiere y no va a esperar a que lo conquisten sino todo lo contrario. Mejor será saberlo desde el principio: si te has enamorado del amante de Aries, si estás pensando que va a ser completamente fiel . . . de repente te has encontrado con el personaje equivocado.

Los arianos suelen ser famosos por sus escapadas reales o posibles y hasta imaginarias. Les gusta sentirse libres, quizá no tanto como a los geminianos, sagitarianos y acuarianos, pero es seguro que no quieren sentirse atrapados.

Al hombre de Aries le gusta que estén a su disposición cuando él lo necesita, pero no esperen que acuda de inmediato a las llamadas, porque siempre tiene miles de ocupaciones que realizar. Esto suena como si el ariano fuera sumamente egoísta, pero él se ofendería muchísimo si alguien se lo reprochara. Sucede que ve las cosas de esa manera.

Es un hombre muy sexual e incansable en el dormitorio. No divulgará nada de su vida privada con alguien que acaba de conocer. En la intimidad, el problema más grande de Aries puede ser el egoísmo. En efecto, los arianos están a veces tan preocupados por sus propias necesidades sexuales, que dan por sentado que su pareja también las comparte. Si no se les presta la suficiente atención, también tienden a sentirse rechazados y creer que no se les valora o desea, por esta razón también son proclives a la infidelidad.

Apasionado, expresivo e impulsivo, puede ser que a veces descarten la parte lúdica de la seducción sexual. Para los arianos, la pasión es total e inmediata, tanto que pueden olvidarse de los sentimientos de las otras personas en el entusiasmo fogoso del momento. Al elegir un compañero, los arianos deben asegurarse siempre un nivel de compatibilidad sexual, por eso suelen ser bastante exigentes. En el plano sexual, a los hombres Aries, les encanta verse como el caballero heroico de brillante armadura y el mejor del combate.

LA MUJER

Puede que aparezca este personaje como un torbellino de energía, una bola de fuego, pero bajo ese exterior está la misma vulnerabilidad y el enfoque infantil de un ariano. Si realmente alguien conquista el corazón de una ariana, lo tendrá para siempre. Pero no tendrán una vida tranquila con esta mujer.

Si eres el típico hombre a quien le encanta llegar a casa, apoyar los pies en alto delante del televisor y dormitar . . . ¡olvídalo! Para esta dinámica mujer, de un signo de fuego, es necesario mantener vivo el idilio y que haya acción en la cama.

A ella no le gusta un hombre que siempre diga "sí", quiere alguien igual o mejor aún, alguien más fuerte que ella. El sexo es importante, pero para ella puede llegar a ser un aburrimiento o un deber si no hay creatividad.

Cuando vayas a comprarle regalos, busca algo original. No cometas el error de elegir algo que ya le hayas regalado otra vez . . . y menos a otra mujer.

Le gusta adelantarse a la moda y se destaca, aunque no tanto como la mujer de Leo. A pesar de que no disponga de una fortuna para gastar en ropa, la ariana sabe combinar las prendas para lucir como una modelo y destacarse entre el resto de las mujeres. Le encanta la ropa interior de seda, el jersey de marca, el último modelo de walkman o cualquier regalo creativo que desees hacerle.

El carácter de la ariana va cambiando como el tiempo. No es tan cambiante como la geminiana, pero tiene sus rabietas por cosas que hasta el día anterior le hubieran causado mucho placer. Le agradan las sorpresas, pero debes saber cuándo darlas. Tiene muy buena memoria para las fechas importantes en la relación y se ofenderá si no le envías flores para un aniversario.

A la mujer de Aries no le agrada que la atiendan demasiado, pero detesta que la ignoren.

LA CONVIVENCIA CON LOS ARIANOS

Para que Aires se quede a tu lado nunca debes:
- Repetir siempre la misma frase, por ejemplo: ¡No sé por qué siempre estás apurado (o tan inquieta)!
- Criticar a su mejor amigo, o a él mismo delante de otras personas: es sumamente leal.
- ¡Acostarse y quedarse dormido de inmediato!
- Decirle mentiras, ni siquiera mentirillas.
- Caer en la rutina.
- Buscar aumentar la atracción inicial.
- Demostrar especial interés en todos sus actos.
- No mostrarse bien dispuesto a escuchar.
- Buscar o competir por saber más que un combativo y competitivo ariano.
- Nunca olvidarse de decirle cuánto se lo desea.
- No querer hacer salidas diferentes o tipo aventuras.
- No mantener su interés por ser predecible.
- No valorar o demostrar las habilidades sexuales.

ARIES Y EL SEXO

POSICIÓN EN EL KAMASUTRA

A Aries le encanta dominar y esto lo refleja en el plano erótico. Por eso la posición recomendada para este signo es: La carretilla: Al borde de la cama y con los antebrazos apoyados, la mujer es "levantada" de las piernas por el hombre, quien por detrás de ella, la penetra en forma de dominación. La variedad de movimientos y sensaciones que permite la postura es asombrosa: circulares, ascendentes y descendentes, con las piernas de ella más cerradas o bien abiertas.

¿CÓMO DISFRUTA ARIES?

Los arianos desean encontrar una mujer que siempre tenga ideas nuevas para hacer el amor y que sea siempre atractiva. También que su pareja reavive el fuego de la pasión todos los días con diferentes estrategias, a veces muy sutiles y otras muy violentas. Que su pareja tenga cierta dosis de competitividad en la relación con el ariano y con las demás personas, en todos los planos de su vida.

Las arianas son curiosas, resistentes e incansables. Aunque desees protegerla con amor siempre buscará la forma de exponerse a ciertos peligros, conflictos o algunos golpes. Como forma de probarte, intentará una y otra vez todo aquello que le sea negado o prohibido. A la diosa guerrera que lleva en su interior le atraen los obstáculos. Si deseas ver a una ariana disfrutar tendrás que darle la libertad que necesita, para todo nivel.

¿QUÉ ES LO QUE MÁS EXCITA A ARIES?

No se necesita estimular a un ariano demasiado tiempo. Si deseas provocarlo bastará sólo una pequeña y sutil demostración para que comprenda inmediatamente tus intenciones. Acaricia el sitio justo, en el momento indicado y esto será suficiente para que se decida. Aries necesita mucha intensidad para el momento del acto sexual, luego puede ser hasta indiferente. Hay que utilizar el misterio y evitar el contacto sexual muy espontáneo para que realmente se excite de pasión.

EL RITMO SEXUAL

Tanto las mujeres como los hombres de este signo necesitan de pasión y de caricias muy activas para encontrar su propio ritmo erótico. Las fantasías de los arianos son expresadas con todo su cuerpo y buscan que los toquen como si fueran un instrumento de música. Necesitan expresar todo lo que sienten, pero al mismo tiempo cambian permanentemente el ritmo y lo hacen con mucha fuerza e intensidad para llegar a su placer.

MASAJES ERÓTICOS

No será ni la primera vez y menos la última, que te relaciones en forma sexual con este tipo de personas hiperactivas, pero no se te ocurra hacerle un masaje largo o con mucho condimento de ternuras. Las mínimas caricias son suficientes para que ambos sexos de este signo exploten de pasión. La zona más importante de un ariano que no debes dejar de estimular, es la cara. Le encanta que, con mucha suavidad y dulzura, acaricies su rostro, especialmente su boca. Si deseas demostrarle tus dones de tierna, trata de darle masajes después de que el ariano se encuentre satisfecho sexualmente. Si no, posiblemente logres el efecto contrario, como irritarlo.

PARA TENER BUEN SEXO DEBES . . .

No estimularlo demasiado tiempo. Acaricia el sitio justo, en el momento indicado y esto será suficiente para que se decida. Pero tal vez el problema resida en esta misma intensidad, ya que Aries se consumirá en su propio ardor en poco tiempo. Hay que utilizar el misterio y evitar el contacto sexual para que realmente se vuelva loco de deseo.

LO QUE NO PERDONA EN UNA RELACIÓN

Un ariano nunca perdonaría que compitas con él en algún deporte, negocio o algo que considere importante y en lo que le ganes más de dos veces. A partir de ahí, te convertirías en su rival o enemigo/a, y ya no te podría ver como su amante o pareja por más que te ame mucho. Otra cosa que no perdona un ariano es que lo abandones por otro para practicar algún deporte o tipo de actividad en la que él se destaque. Para tu salud física y psicológica intenta que nunca descubra que le mentiste por algo de poca importancia, porque te pondrá en la mira y no te perdonará. Más aún, si por ese detalle lo has puesto en evidencia ante personas que él lidera.

Cómo lograr el éxtasis sexual con Aries

No se necesita mucha energía para seducir a un ariano. Alcanza una sutil provocación para que se encienda de pasión, porque comprenderá inmediatamente tus intenciones. Aries necesita mucha intensidad para el momento del acto sexual, aunque luego pueda ser hasta indiferente. Hay que utilizar el misterio y evitar el contacto sexual muy rápido para hacerlo sentir vulnerable.

El secreto erótico de Aries

Un ariano, en su apariencia, tal vez parezca que está intentando demostrar su superioridad y que desea dominar a su pareja. En realidad, quiere que su amante advierta su presencia y lo aprecie como una máquina sexual. Las palabras secretas para conocer sus debilidades son: Ego competitivo, impulso sexual espontáneo, líbido fuerte pero poco constante, busca ternura a través de lo sexual aunque parezca agresivo.

Cómo besa Aries

Tanto las arianas como los arianos se dirigen directamente hacia donde ellos quieren. Acarician el lugar justo, en el momento indicado. No dudarán en tomar el cuerpo de su amante y besarlo en forma impulsiva y no muy prolongada. Ellos besan como sello de acuerdo, pero sus manos no se detienen en ningún momento. Los hombres de este signo te besarán en la boca un segundo y luego seguirán con sus besos descendiendo por el cuello. Y las mujeres no tendrán problema si no le devuelves el beso con la misma intensidad de un huracán. Aries es un verdadero signo de fuego a la hora de besar, pero la fogata se concentra en el sexo no en la boca.

ARIES EN PAREJA

LA PAREJA IDEAL DE ARIES

Aries necesita mucha intensidad para el acto sexual luego puede ser hasta indiferente. Es necesario utilizar el misterio y el contacto sexual espontáneo que son lo que realmente más les provoca pasión. Los arianos necesitan sorpresas y estimulación de su ego en forma casi permanente, para sentirse los amantes más geniales del mundo. Si logras mantener su capacidad sexual, ganarás su corazón.

RECETAS PARA ENAMORAR A ARIES

Para conquistar a un ariano debes accionar todas las posiciones del kamasutra, todo el tiempo que él te lo permita. No tienes que demostrar tu deseo de comprometerte con él para siempre porque su erotismo se apagará rápidamente. No te olvides de darle una buena dosis de mordisqueos en el cuello. A este guerrero por excelencia le fascina todo lo referente a lo sexual.

DIETAS DEL AMOR PARA LAS ARIANAS

Las arianas son realmente muy apasionadas y necesitan que su pareja les demuestre que son el centro de su deseo. Podrás experimentar con ella recetas de toda gama de gustos y sabores, pero antes debes realmente tener la paciencia para que ella desee el menú que tú le vas a ofrecer. Una receta deliciosa para ella es una cena romántica, acompañada con un vino de reserva antigua o un buen champagne delicioso, en la que pueda degustar desde tu piel hasta la mejor copa de cristal que poseas en tu casa y eso sí, que no falte el postre.

La atracción fatal de Aries

- Su capacidad espontánea para tener sexo a toda hora y en cualquier lugar.
- Autoafirmación y respeto por los que desea conquistar.
- La libertad personal y sexual le brindan éxito en las relaciones con el sexo opuesto.
- Su franqueza e intensa sinceridad en cada situación.
- Su creatividad permanente en todo tipo de relaciones.
- Apasionados y desbordantes de sensualidad para seducir.

Por qué le teme Aries al compromiso

Tanto el hombre como la mujer de este signo son amantes arrolladores que dominan el romance o por lo menos, es lo que pretenden. Justamente, muestran este temperamento como contrapartida a su miedo al compromiso. Se comportan de manera muy osada y hasta inquietante para su pareja. Les encanta sentirse inseguros de los sentimientos de la persona amada y de esta forma, evitan comprometerse o concretar una relación, que es lo que más le asusta a este signo. Si, además, no demuestras interés hacia la pareja, todo el deseo de estos nativos desaparecerá junto con su presencia.

La zona oscura del amor para Aries

Tu ánimo cambia permanentemente. A veces pareces una persona segura de tus sentimientos y, en otras ocasiones, buscas impulsivamente relaciones nuevas que te estimulen. En realidad, es un sentimiento de inseguridad lo que te mueve a buscar en exceso. Necesitas que satisfagan tu necesidad de afirmación y aprobación.

Cómo anticiparte a la reacción de tu pareja Aries

Tendrás que saber de antemano que su reacción, acción y pensamiento provienen de un carácter apasionado y extremista, a todo o nada, precipitado por momentos, demasiado ardiente e impulsivo. Ante algo nuevo responde bien porque es innovador, pionero, arriesgado y entusiasta. Y sus acciones son duras, valientes y enérgicas.

Lo que más admira Aries de su pareja

- Que siempre tengas novedades para comentarle y renueves tus argumentos a la hora de una charla o en una discusión.
- Que tengas cierta dosis de competitividad en la relación y con los demás.
- Que a tu lado, pueda sentirse libre e independiente de tu propia persona.
- Que le permitas o que le hagas creer que siempre toma las decisiones más importantes.
- Que valores sus actos de riesgo y fomentes su autoestima.
- Que comprendas que dentro de estos guerreros imparables habita un niño tierno que necesita mucho amor.

¿Por qué es infiel Aries?

Los arianos parecen seguros de sus sentimientos pero, en realidad, sienten la necesidad de tener relaciones nuevas, de esta manera se sienten estimulados y reconocidos como atractivos y deseados. En realidad, es un sentimiento de inseguridad lo que lo moviliza a ser infiel. Necesita constantemente reafirmar su ego. Si deseas evitar que estos infieles naturales te engañen, trata siempre de demostrarle que son los mejores, pero no mucho, porque pueden sentirse abrumados por tanta admiración.

CÓMO CONQUISTAR AL HOMBRE DE ARIES

¿Es posible conquistar al guerrero . . . ?

Lo mejor para seducirlo es tener un aire de misterio. Este hombre nunca debe sentirse seguro. Si se da cuenta que piensas comprometerte con él para siempre, su interés desaparecerá y con él, quizás, también tu sueño. Nunca se te ocurra tomar la iniciativa, aunque él te bombardee con flores, llamadas telefónicas y cenas románticas.

CÓMO CONQUISTAR A LA MUJER ARIES

¿Es posible conquistar a la guerrera ariana . . . ?

La mujer de Aries es muy ciclotímica. Puede enojarse por cosas, que hasta el día anterior, le causaron mucho placer. Le agradan las sorpresas, pero debes tener en cuenta, en qué momento darlas. Tiene muy buena memoria para las fechas importantes de la relación y se ofenderá si no le envías flores para un aniversario. No le agrada que la atiendan demasiado, pero detesta que la ignoren.

ARIES EN SOCIEDAD

¿QUÉ PERFIL MUESTRA A LOS DEMÁS?

Se muestra como una persona llena de optimismo y entusiasmo, pero con cambios emocionales bruscos. Tienen una inclinación al individualismo, lo cual reafirma su posición de líder frente a los demás. Su rapidez de reflejos y habilidad motriz le provocan fuerte atracción por las actividades deportivas competitivas.

CÓMO RECONOCER A ARIES EN LA MULTITUD

La posición de un ariano en cualquier cosa que haga será muy evidente, porque su ansiedad y nerviosismo estarán a flor de piel. La actividad que realice siempre será apasionada, fanática, vertiginosa. La agitación, los argumentos contundentes y el discurso brillante serán características destacadas de este signo. Otra cualidad de un ariano es que posiblemente se vista de algún color que se destaque porque siempre le gusta llamar la atención.

CÓMO FUNCIONA LA ENERGÍA DE ARIES

La persona nacida bajo este signo es todo impulso, explosión, efervescencia. Renovación constante y perpetuo proyectar. Es la imagen más representativa de la fuerza creativa. Es, precisamente, el soplo creador del fuego. El factor que vuelve ardiente al ariano: el triunfo es lo más fuerte. Su estilo es directo y franco. Ante una circunstancia, se juega generalmente a su suerte y verdad, todo o nada. El nativo de Aries será, sin lugar a dudas, muy saludable, energético y atractivo.

CÓMO SE LIBERA ARIES

Pareces haber nacido con una carga extra de energía y rebeldía. Eres inquieto. Tu respuesta natural frente a cada orden es: "no". Por eso no has nacido para seguir un camino organizado y convencional. Tus ideas son novedosas y apuntan al futuro. Tienes en claro tus visiones, a veces percibes una incomprensión o juicio por parte de los demás, pero esta actitud no te inhibe y actúas con libertad en todas las ocasiones, sobre todo las que poseen un alto riesgo.

LOS LUGARES POR DONDE ELIGE PASEAR

Que los arianos se encuentren felices, tienen que programar salidas que posean las siguientes características:

- Lugares donde se realicen deportes y ellos pueden participar: carreras de auto, campeonato de tenis, atletismo, fútbol.
- Para la noche, deben buscar discotecas de última moda, restaurantes o sitios de baile donde pueden expresar todo su cuerpo y, además, provocar sensualidad en los demás.

LOS MEJORES REGALOS PARA ÉL

En el momento de elegir un regalo para un ariano, será mejor que le consultes, porque si no le gusta lo que eligieron para él, puede devolverlo. No le regales dinero, porque no permanece por mucho tiempo en sus bolsillos. Es gastador y también muy generoso con sus seres queridos. La ropa atlética es un regalo interesante para él, pero siempre tendrá que ser de marca y super moderna. Si le gustan los deportes, busca accesorios dentro del tipo de actividad que practica. Un regalo ideal es aquello que tenga que ver con su sexualidad tan valorada, como todo tipo de ropa interior donde él pueda lucir como un buen cazador de mujeres.

LOS MEJORES REGALOS PARA ELLA

Cuando vayas a comprarle regalos a una ariana, busca algo muy original. No cometas el error de elegir algo que ya le hayas regalado en otro momento, porque se ofenderá. A esta mujer, en realidad, le gusta adelantarse a la moda y se destaca por su elegancia, aunque no tanto como la mujer de otros signos. A pesar de que no disponga de una fortuna para gastar en ropa, la ariana necesita combinar las prendas para lucir como una modelo. Le encanta la ropa de marca, el último modelo de cualquier programa de computación para jugar o entretenerse o cualquier regalo creativo que la sorprenda.

LA AMISTAD PARA ARIES

El ariano piensa que un amigo debe soportar todo lo que él necesita. También, supone que un amigo debe retirarse por su propia cuenta cuando al ariano le molesta algo de la relación. Aries toma la amistad de la misma forma que al amor: con un sentido de dominio y control incondicional sobre la vida del otro y no aceptará, de ninguna manera, que un amigo no esté plenamente a su disposición cuando lo requiera. Además, los arianos son naturalmente competitivos hasta con sus amigos más cercanos.

Cómo es el hogar de Aries

Los arianos son personas muy distraídas. Siempre están preocupadas por varios temas al mismo tiempo. Por ejemplo, al hacer orden en la casa pueden colocar todo en el sitio correcto, pero pueden guardar en el lugar más insólito una cosa que necesitan periódicamente y donde es casi imposible volver a encontrarla.

El día afortunado para Aries

Martes: del latín *martis dies*, día de Marte, el dios de la Guerra, también llamado *Ares* por los griegos. Antes de que llegaran al mundo, los hombres luchaban sin técnica ni armas adecuadas. La mitología dice que el dios Marte dio las tácticas de militarismo, la defensa y el ataque. El hierro, que hasta entonces sólo se había utilizado para herramientas, fue usado para hacer lanzas y espadas. De Marte derivan palabras como "marcial" (como en artes marciales) y es el planeta que rige a este signo.

¿Qué carta del tarot le corresponde a Aries?

Cada carta de tarot representa un arquetipo energético interno y tiene su correspondencia con tu signo del zodíaco, determinando características de tu personalidad.

Los nativos de Aries están representados por la Carta IV: El Emperador.

Cualidades: figura líder que impone sus creencias; atributos protectores; autoridad en las acciones; poder para crear situaciones; conocimiento del manejo de la energía emocional de los demás.

Aries y el dinero

Para Aries, el dinero si bien tiene valor, no es una cuestión central en su vida. Ellos no tienen problema en dar, inclusive muchas veces pierden el dinero con facilidad sin saber el motivo real. Como los arianos viven constantemente el presente, prefieren pasar un buen momento, en vez de ahorrarlo para algún proyecto futuro, aunque tal vez se den cuenta que no llegan a fin de mes. Ya desde niños tuvieron problemas con sus padres respecto a la administración del mismo. Los arianos tienen que aprender a darle más valor a todo lo que ellos mismos generan, inclusive al dinero.

ARIES Y LAS MENTIRAS

Aries puede llegar a mentir como único recurso, porque siempre intentará decir la verdad aunque sea en broma. Quizás, lo que haga un nativo de este signo, es ocultar que alguna persona lo provocó. Por ejemplo, en el caso de un ariano, si una mujer le sugiere algo, él no lo comentará a su pareja para no incomodarla. Pero, si esto le causa algún problema, se lo dirá sin vacilar. Lo más importante para Aries es que nunca descubra que le has mentido, porque no te perdonará.

Capítulo 2

TAURO: La estabilidad

ATRACCIÓN

Cómo seducen los taurinos

A nadie le gusta que un amante alardee sobre su comportamiento sexual, pero como los taurinos conocen bien su sensualidad resulta excitante y atractivo para los demás que tengan tendencia a demostrar que son irresistibles. Si bien son conservadores en muchos aspectos, poseen audacia en sus relaciones sexuales. Su natural lentitud e indecisión les hace perder mucho tiempo a la hora de la seducción. Así que, si quieres conquistarlos, no te quedes fuera de la escena esperando que tu mirada se encuentre con la de tu futuro amante. Trata de arremeter con más rapidez, ponte frente a él y que las miradas se encuentren.

Los taurinos siempre cuidan que la expresión de obstinación de su mirada no haga asustar a su futuro o presunto pretendiente. Su aparente firmeza como la del toro puede también ahuyentar al más interesado por conocerlo. Generalmente son los culpables cuando su soñado candidato/a termina en los brazos de otra persona porque esperan demasiado en presentarse o en mostrar interés. No lo asustes con una actitud demasiado inquietante.

Por otra parte, los taurinos poseen un gran sentido del humor, pero es difícil que sean capaces de reírse de sí mismos cuando no les va bien en el amor. El motivo de ese problema es el miedo al rechazo del otro y de ahí vienen los retrasos que tienen a la hora de conquistar al tan esperado amor. También pueden mostrarse demasiado pesados. Debido a que por momentos tienen una voluntad y una decisión tan fuerte, pueden resultar un poco cargosos. No te dejes confundir por su mala cara. Generalmente van por el mundo con una expresión en el rostro que parecería reflejar que el cielo se ha caído sobre tus espaldas. Los taurinos utilizan todos los trucos vocales y orales con el sexo opuesto. Dicen cosas tiernas y arrullan con su voz sensual. En la agonía de la pasión, excitan a tu amante o pareja con los suspiros y gemidos más profundos, desde el fondo de la Tierra. Su garganta y cuello son su zona erógena y débil.

Les encanta la comida fuerte y adoran la sensación de tragar. Cuando Tauro encuentra a su amor soñado, lo rodea de cariño y de mimos, pero puede posesionarse del ser amado con pasión, con constancia y firmeza.

CONQUISTA

El hombre

La lógica no sirve de mucho cuando estás tratando de resolver el enigma de un nativo del signo de Tauro.

El taurino se toma todo el tiempo necesario para decidir si te quiere como mujer. Pero cuando está enamorado, Tauro es tierno y protector, celoso, suave, posesivo, desconfiado. Como Escorpio, es uno de los signos más celosos y posesivos, porque al dar mucho amor pretende reciprocidad total e incondicional. Aunque, contrariamente a Escorpio que es vengativo, sabe perdonar.

Su naturaleza sensual lo hace muy sensible a los perfumes que utilices (cuanto más afrodisíacos, mejor). Le encanta la ropa de moda, especialmente la íntima. La ropa interior favorita debe tener sedas y encajes de color rojo, que es el tono que él ama.

Para seducir a un Tauro tienes que invitarlo a tu casa y prepararle una suntuosa cena, si es con velas, mejor porque para conquistarlo primero tienes que satisfacer su estómago.

Luego puedes jugar con alguna coquetería seductora. Este hombre estará siempre interesado en que seas buena administradora y una excelente cocinera. Son los atributos primordiales para ser candidata para ser su pareja.

Los taurinos en general tienen un gran complejo de Edipo. No es casual que haya sido el taurino Sigmund Freud el que descubrió este famoso complejo. Para mal o para bien te comparará con su amada y perfecta madre y dependerá de lo idealizada que la tengas, lo tortuoso que sea tu relación con ella. El hombre de Tauro planea cuidadosamente para el mañana y esto a veces tiene sus desventajas. Siempre estará tan preocupado en sus obligaciones que, pede ser que no te preste demasiada atención cuando él crea que te tenga segura. Puede ser que haya días que apenas te llame por teléfono porque se quedó trabajando con su bella secretaria o sin ella. Si pretendes burlarte un poco de él para conseguir que cambie, es posible que termines pensando que ojalá nunca hubieses hecho un comentario de su trabajo. Si insistes demasiado, puede pasar a ser un silencioso compañero durante tres o siete días, sin perdonarte el pequeño comentario o el más mínimo chiste al respecto. Él respeta a su pareja y las actividades que realice, pero será mejor que tenga siempre la comida preparada y una buena sonrisa esperándolo aunque sean las doce de la noche. Cuando llegue al mes de casado puede haber un divorcio o una bella cocinera en tu propia casa más linda de lo que imaginas, con un delantal cortito y una pollera más diminuta. Se la pasa comparando todo con los negocios y espera elegir a una mujer tan especial que le rinda buenos dividendos. Esto traducido quiere decir que sea amable, sensual, hermosa, buena compañera, discreta, económica, que no le pida demasiado dinero, buena cocinera y lo más importante y especial es que se parezca a mamá. Como observarás, no sé si ya estás cambiando de signo para tu futuro pretendiente. Para conquistar a este signo debes y tienes que ser un modelo de virtudes.

La mujer

El tema es muy sencillo: lo primero que le interesa a una taurina es un compañero con una mentalidad práctica y con sentido común porque su pensamiento es concreto y sólido. Tiene los pies bien plantados en la tierra.

El acto sexual no es el objetivo en el impulso de una mujer taurina. Lo que quiere y necesita ella son largas horas de besos y caricias de un paciente, fuerte, fervoroso y devoto compañero.

Su perfume y su aspecto serán sensuales. A las muchachas de este signo les conmueven las sábanas de seda y un buen amante al lado. Estéticamente debe ser el típico deportista pero con el dinero de un gran ejecutivo.

Si quieres conquistarla busca un lugar romántico y muy especial para la primera cita. Ellas son muy observadoras en lo que se refiere a lo grande y llena que pueda estar tu cuenta bancaria. En la primera cita seguro pondrán especial mirada en tu billetera.

Cuando a la taurina le gusta un hombre no dará muchas vueltas cuando la invites a salir por primera vez, pero será mejor que te consigas un auto. Lo primero que te preguntará será:

¿A qué hora pasarás a buscarme con tu auto? ¿De qué color y qué modelo es, así lo reconozco?

La mujer de este signo no será muy demostrativa si gusta de ti. En la primera cita se mostrará de manera tímida y tensa, y con un aire casi misterioso. En realidad te está estudiando de pies a cabeza. No se mostrará brillante en sus comentarios, pero te hará sentir el centro de su interés. Cuando te retires posiblemente tardará en retirar su cartera o no encontrará las llaves para abrir su casa hasta estar segura que le digas: Bueno, nos vemos el viernes, ¿o tienes algún otro compromiso?

Ella fingirá pensar unos segundos y luego con un tono suave y lo suficiente seductor para que tú creas que es la mujer más fiel del mundo te responderá: No, creo.

¿Cómo, no crees?, replicarás.

Si, es probable que pueda, pero llámame mañana o el jueves y te podré responder con más seguridad.

Si puedes leer su "subtexto", te darás cuenta que lo que quiere decir es "quiero ver si estás interesado". Ten cuidado con las caras que hagas al escucharla porque puede preguntarse para sí misma si estás saliendo con otra mujer. Más aún si cuando ella dudó tú hiciste algún gesto de arrepentimiento por haberla invitado.

La mujer de Tauro aparte de sentir miedo e inseguridad por las nuevas relaciones, siempre piensa más en lo que el otro debe estar pensando de ella. Si tienes suerte, después de la segunda cita será ella quien te invite a comer algo preparado en su casa, por sus bellas y tersas manos. Lo más probable es que el resultado de esta invitación especialmente si eres taurino o canceriano será para que te enamores antes del postre. La taurina típica puede conquistarte cocinando y su cocina es una verdadera trampa para cazar hombres o futuros jefes. Los hombres interesados por una taurina aprecian que siempre sea generosa y tenga una tendencia a tomar a la gente como es, sin tanto rebusque mental. Aunque les resulta simpático el amigo de su pareja, porque lo ve del tipo donjuanesco, podrá hacerle un escándalo a la hora que su novio o marido le comente que se debe encontrar con éste. Lo más probable es que si no se anima a hacerlo es que repentinamente comience a sentirse algo mareada o indispuesta y termine haciendo sentir culpable a su pareja. En general la taurina tiene una gran paciencia en las relaciones y se adapta muy bien a todos los sitios donde te acompañe, siempre y cuando no haya muchas mujeres bonitas. Si a determinada edad no logró una relación estable o matrimonial, puede que se sienta desgarrada por el deseo de llevar una vida segura y estable y por la necesidad de mantener relaciones apasionadas. Podría encontrar una solución de compromiso casándose sin amor, con un Don Juan adinerado y entregándose a su carrera para no angustiarse por las infidelidades de su marido. Mientras busca una relación más satisfactoria, podría establecer un contacto profundo y duradero con un amigo del trabajo, o con un hombre mayor que termine por ser tu compañero o socio en el trabajo.

LA CONVIVENCIA CON LOS TAURINOS

La pareja del taurino no puede ser una persona que le moleste ser acaparado. Desde luego, no es fácil hacerse a la idea de lo que puede ser un amor de estas características y dimensiones, pero también se trata de un amor que se podría escribir con mayúsculas, sin ninguna exageración.

- Tiene que saber soportar sus exigencias, reclamos y celos.
- En el caso de una mujer enamorada de un Tauro, debe tener dinero.
- En el caso de un hombre enamorado de una Tauro, debe saber cocinar.
- La mujer debe saber que lo primero para un hombre de Tauro es su trabajo y status y luego todo lo demás.
- El hombre debe saber que para una mujer de Tauro es importante realizarse en su profesión, pero primero desea ser fiel a su hogar y a sus hijos.
- El marido le debe proveer de todas las comodidades y el confort que ella necesite para que sea buena amante, sino estará casi todo el día con una expresión en su rostro bastante insoportable.

TAURO Y EL SEXO

Posición en el Kamasutra

A Tauro le fascina sentir que posee en todo sentido a su pareja, por eso la posición recomendada para este signo es: La posesión. Los cuerpos se entrelazan. La mujer permanece acostada y con las piernas abiertas esperando que su compañero la penetre sentado y tomándola de los hombros para regular el movimiento. La imagen es de posesión simbiótica entre los dos.

¿Cómo disfruta Tauro?

Lo que más disfruta un hombre de este signo es que su pareja le ponga límites a sus caprichos, como a un niño. Que la mujer que está a su lado tenga su propia profesión y sea autosuficiente para no tener que depender de él en forma económica. Que su pareja pueda protegerlo en forma astuta en los momentos de angustia o temor cuando se sienten vulnerables. En el plano sexual, la pareja tiene que ser muy sensual aunque a veces se niegue a hacer el amor. La mujer de Tauro buscará seducir como sea; eso le provoca placer. Encontrará la clave para que la acaricien y abracen todo el tiempo. Es muy posesiva y apegada a lo material. Si deseas que te ame, debes darle todo lo que necesita en el plano material, como lo haría un padre permisivo con su hija favorita, porque la mayoría de las taurinas tienen un sentimiento edípico muy marcado. Si lo consigues, es imposible que no sea la mujer más fiel del mundo.

¿Qué es lo que más excita a Tauro?

Un acto tan natural y placentero como alimentarse, hacer el amor y gozar de la ternura es algo que tiene gran sentido para los taurino y taurinas. Para excitarlo de verdad tienes que pensar que tú eres una especie de exquisitez que él va degustar hasta saciarse, y así debes provocar su deseo como si fuera a disfrutar cada bocado de tu persona. Ellos tienen un excelente paladar y jamás se levantan de la mesa sin estar plenamente satisfechos, son especialistas en el placer y sus manjares.

El ritmo sexual

Tanto para hombres y mujeres de este signo el ritmo sexual, que han desarrollado en su temprana niñez, es un arte sensual dentro de la excitación erótica de este signo. A diferencia de otros signos, Tauro necesita la estimulación oral de su pareja para realmente llegar al clímax. Pero cuando llega a liberarse de todo prejuicio puede obsesionarse con un ritmo sexual único que, a veces, aburre a los demás.

Masajes eróticos

Si deseas que tu pareja de Tauro se excite al máximo, debes realizar unos suaves masajes en la nuca y en todo el cuello, preferentemente con algún aceite aromático de lavanda. Un nativo de este signo necesita mucha estimulación en toda la piel para sentirse libre y volar de emoción. Debes utilizar alguna crema relajante para realizar las caricias sexuales. El tiempo de espera de excitación de tu pareja, va a depender del amor que le proporciones y luego de la intensidad de las caricias en los puntos más erógenos de su cuerpo.

Para tener buen sexo debes . . .

Tener en cuenta que hacer el amor es, para este signo, un acto tan natural y placentero como alimentarse. Disfrutan cada bocado, tienen un excelente paladar y jamás se levantan de la mesa sin estar plenamente satisfechos. Son afectuosos, pacientes y totalmente posesivos con el cuerpo del otro, ya que exploran incansablemente hasta descubrir cómo y dónde pueden producir mayor placer. Es la manera que utilizan para crear en ti la misma dependencia que ellos tienen contigo

Lo que no perdona en una relación

Que te muestres indiferente cuando él te desea sexualmente.

No te perdonaría que le seas infiel salvo que la relación sea muy reciente, o sea, dos semanas, y que ella no sea considerada sumamente importante. Nunca desvalorices su profesión o trabajo delante de otras personas o en reiteradas ocasiones. Tampoco perdonaría el olvido de alguna fecha importante para la pareja o hechos que para él fueron circunstancias muy románticas e importantes.

Cómo lograr el éxtasis sexual con Tauro

Estos sensuales taurinos tienen que pensar que tú eres una especie de exquisitez que él va a degustar hasta saciarse. A ellos (y ellas) no les gusta tomar un papel activo, así que para lograr el éxtasis sexual deberás tener paciencia y tratar de que no se sienta acosado por tu necesidad de conquistarlo. Acto seguido, ya cuando lo tengas en tus manos, no te olvides de obsequiarle algún regalo erótico: eso lo motivará mucho más.

El secreto erótico de Tauro

Este signo es extremadamente afectuoso cuando ama y desea sexualmente a su pareja. Si no es así, el taurino considera que las cualidades terrenales del sexo son necesidades primarias y su energía se basará en el instinto puro sin sentimientos. Las palabras secretas para conocer sus debilidades son: sensuales, demasiado terrenal, poca imaginación en lo referido a lo erótico, lujurioso, tendencias posesivas, celoso, sentimientos paranoicos sobre su capacidad sexual, fuerte instinto de ser deseado.

Cómo besa Tauro

Como buen catador de vinos y alimentos. Disfruta de cada bocado y tiene un excelente paladar. Jamás se levanta de la mesa sin estar plenamente satisfecho. Lo mismo sucede con las taurinas, a la hora de besar, conocen todas las técnicas y son muy sensuales. Disfrutan de cada beso como si se tratara de un plato delicioso. Son afectuosos, pacientes y totalmente posesivos con el otro. No se detienen hasta descubrir cómo y dónde producen y sienten el mayor placer.

TAURO EN PAREJA

La pareja ideal de Tauro

Un acto tan natural y placentero como alimentarse, hacer el amor y gozar de la ternura de unas caricias es algo que tiene gran sentido para los nativos de este signo. Para excitarlo de verdad tienes que pensar que tú eres una especie de exquisitez que él va degustar hasta saciarse. Y así, provocarás su deseo como si fuera a disfrutar cada bocado de tu persona. Los taurinos tienen un excelente paladar y jamás se levantan de la mesa sin estar plenamente satisfechos.

Recetas para enamorar a Tauro

Hay dos cosas que puedes realizar y uno de los ingredientes más importantes es tu propia persona. Lo primero que debes hacer es comprar u obtener de alguna forma ropa interior de seda o con encaje, muy sexy y hacer striptease, al mejor estilo de Hollywood. La música que puedes implementar en la receta es el sonido de la película nueve semanas y media. Luego de hacer el amor sírvele una afrodisíaca cena al estilo francés. La conjunción de estos condimentos lo puede enamorar perdidamente de ti.

Dietas del amor para las taurinas

Para enamorar a una mujer tan sensual como la taurina, trata de cumplirle al máximo todos sus caprichitos o dale todos los gustos posibles; si así lo realizas, en poco tiempo la tendrás a tus pies. Otros de los ingredientes, son los mimos en cada desayuno o las cenas en la cama. Cada comida tiene que estar plena de suspiros, de amor y de miradas profundas. Es importante que le demuestres que puedes degustarla, como una comida sabrosa, desde los pies a la cabeza.

La atracción fatal de Tauro

- Lograr la concreción de los deseos de los demás.
- Disfruta de los placeres del sexo y del afecto genuino.
- Su temperamento afectivo y sensual.
- La paciencia y persistencia para lograr todo lo que desea hasta las últimas consecuencias.
- Su gran hedonismo, hasta el extremo que las fantasías de cualquier persona se concreten con este nativo.

Por qué le teme Tauro al compromiso

Tauro es un signo muy inseguro, especialmente cuando inicia nuevas relaciones. Teme que el otro no lo desee o ame lo suficiente. Por lo tanto, se toman demasiado tiempo para decidir si una relación puede ser estable o sólo pasajera. En ese tiempo, su pareja comienza a dudar de los sentimientos de los taurinos y por lo tanto, se establece un círculo vicioso difícil de cerrar. Pero, en su deseo más profundo, Tauro quiere formalizar una pareja aunque por su indecisión a veces no lo logre con la persona más indicada.

La zona oscura del amor para Tauro

Tu exceso de apego, sentimiento de posesión y ansias de seguridad, tiene como resultado relaciones que muchas veces no son las más adecuadas para ti. Prefieres lo malo conocido a lo nuevo por conocer. También tu exceso, por momentos, de superficialidad en los vínculos, es lo que te conduce a insatisfacciones muy profundas en tus relaciones.

Cómo anticiparte a la reacción de tu pareja Tauro

Tendrás que saber de antemano que su reacción, acción y pensamiento provienen de un carácter emocionalmente lento para responder, celoso, amable, conservador en sus gustos y muy sensual. Su forma de pensar es práctica, caprichosa, tranquila, prudente y concreta; y sus acciones son sin riesgo, posesivas y algo monótonas. Pero buscan la satisfacción propia y de los demás en lo que hacen.

Lo que más admira Tauro de su pareja

- Que sepas decir que no cuando toma una actitud de niño caprichoso y se obsesiona con alguna cosa.
- Que tengas una profesión que sea tu vocación y te sientes muy satisfecho a nivel personal y económico con esta labor.
- Que puedas protegerlo en los momentos de miedo o inseguridad.
- Que cumplas con tus promesas, ya sea un regalo a una salida romántica.
- Que seas sexualmente muy potente y vital, afectivo y tierno.

¿Por qué es infiel Tauro?

Es un signo muy sensual y seductor y, a veces, es muy deseado por los demás. A pesar de que sus admiradores saben que está comprometido, no impide que lo busquen para coquetearle. Pero este nativo, prefiere lo malo conocido que lo nuevo o bueno por conocer. Cuando es infiel, es por su exceso de superficialidad en los vínculos con su pareja, y esto lo conduce a insatisfacciones muy profundas en sus relaciones. En realidad, prefiere no ser infiel si tiene que arriesgarse mucho. Pero si el camino está libre y puede tener un beneficio extra, especialmente un ascenso en su trabajo, será tan infiel como cualquier otro signo.

Cómo conquistar al hombre de Tauro

¿Cómo darle lo que quiere a este ser tan voraz . . . ?

Para seducirlo debes invitarlo a tu casa y prepararle una suntuosa cena, si es a la luz de las velas mejor, porque para conquistarlo, primero hay que satisfacerle su estómago.

No te olvides de jugar con alguna ropa interior muy seductora y sensual. Este hombre estará siempre interesado en lo económica que seas y especialmente buena cocinera.

Cómo conquistar a la mujer Tauro

¿Podrás vencer la fuerza de la taurina . . . ?

Lo que más le interesa a una taurina es tener un compañero con mentalidad práctica y sentido común, porque su pensamiento es concreto y sólido. Tiene los pies en la tierra.

El acto sexual no es el objetivo. Lo que quiere y necesita son largas horas de besos y caricias por parte de un paciente, fuerte, fervoroso y devoto compañero. Suele ser una mujer muy sensual.

TAURO EN SOCIEDAD

¿Qué perfil muestra a los demás?

Tauro se muestra como una persona con un fuerte sentido de la posesión que le hace concentrarse en sus intereses. Reflejos lentos frente a lo imprevisto o sorpresivo. Su necesidad de dominio posesivo le impone exigir lo mejor de cada momento y de cada persona. Espíritu conservador frente al futuro.

Cómo reconocer a Tauro en la multitud

Cuando observes un taurino, podrás ver una persona muy segura de sí misma y con los pies bien apoyados en la tierra. Los ojos de un taurino serán grandes y estarán tan abiertos para no perderse un detalle de lo que suceda a su alrededor. La estabilidad que emana de un taurino es asombrosa, se fusiona con la prudencia latente en Tauro y se obtiene como resultado una actitud predispuesta, una sonrisa arrolladora y una voz segura de sí mismo y de lo que desea obtener. Una de las cualidades que destaca a este signo es su forma, casi felina y sensual de moverse.

Cómo funciona la energía de Tauro

La energía está centrada en el cuerpo. Lo material como concepto básico de su existencia. Esto significa que tiene un amplio sentido de la vida.

El móvil principal de Tauro es acumular, apropiarse, poseer. La tendencia básica de la persona de este signo es la de apropiarse para poder dar forma, tanto a las ideas como a los proyectos. Es básicamente constructor, lo que le interesa es crear formas estables, lo más reales posibles.

Cómo se libera Tauro

Tratas de buscar caminos alternativos para ser independiente, pero siempre en el plano del trabajo. Si ignoras el sistema de valores aceptado por tu medio laboral y te manejas por tus propias creencias o conceptos, tendrás más éxito y abundancia en el plano material. Esto te permitirá aumentar la autoestima. Así podrás relacionarte con tus vínculos afectivos de manera más fluida y natural. Porque, inconscientemente, tiendes a asociar y valorar tanto el poder que el dinero otorga con el amor hacia todos los seres.

Los lugares por donde elige pasear

Para que los taurinos se encuentren felices tienen que diagramar salidas que posean las siguientes características:

- Los taurinos son muy románticos así que, según la temperatura reinante, una salida ideal es una cena con velas a la luz de la luna.
- Un lugar perfecto para la taurina es donde haya cantantes que le dediquen una canción o una serenata.
- Para los taurinos típicos, una corrida de toros puede resultarles excitante.

Los mejores regalos para él

A los taurinos les encanta los perfumes y las corbatas de seda. Si su actividad es menos clásica e informal, una remera de última moda, bien ajustada para lucir su musculoso cuerpo seductor, es un buen regalo. Ni hablar de una cena bien preparada con alimentos caseros muy elaborados, acompañados de vinos o champagne. Una velada de estas características puede convertir a este sensual hombre en él más dulce y cariñoso enamorado. A los taurinos les encantan estar impecables, así que adaptándolas a su estilo, toda lo que sea prendas de vestir les fascina.

Los mejores regalos para ella

Por la naturaleza sensual de la mujer taurina, un regalo interesante puede ser un perfume erótico.

Le fascina la ropa interior de seda y destacarse en un lugar. Así que no dudes en llevarla a cenar a algún lugar especial, aunque lo que más la erotiza es el dinero, así que puedes abrirle una cuenta bancaria o regalarle una tarjeta de crédito.

La amistad para Tauro

Generalmente, los taurinos hacen amigos lentamente. Primero, van conociendo el terreno del otro y luego se entregan. Tauro disfruta mucho cuando está bien acompañado con sus amigos y, espacialmente, con gente que comparte sus intereses. Tanto en la amistad como en el amor, Tauro debería controlar su tendencia a ser posesivo y también tendría que ser un poco más flexible cuando comparte proyectos con sus amigos.

Cómo es el hogar de Tauro

Todos los esfuerzos de los taurinos van dirigidos a llenar su hogar con las cosas buenas de la vida. A veces son demasiado conservadores y excesivamente cuidadosos. Sienten demasiado apego por su casa, sus muebles y sus cosas. Pueden perder el valor de disfrutar del hogar, por ser demasiado cuidadosos del orden.

El día afortunado para Tauro

Viernes: del latín *veneris dies*, día de Venus. Antes de la fundación de Roma, Venus era venerada como la diosa protectora de los huertos, pero a partir del siglo II antes de Cristo fue consagrada como diosa del Amor; los griegos la llamaron Afrodita. A la popular diosa del amor se le representa a veces sentada en un carro tirado por palomos, cisnes o pájaros, con una corona de rosas y mirto circundando sus cabellos. El planeta Venus es el regente de este signo. .

¿Qué carta del tarot le corresponde a Tauro?

Cada carta de tarot representa un arquetipo energético interno y tiene su correspondencia con tu signo del zodíaco, determinando características de tu personalidad.

Los nativos de Tauro están representados por la Carta V: El Sumo Sacerdote.

Cualidades: Amabilidad, humildad, bondad. Capacidad para resolver relaciones irreconciliables y para cambiar circunstancias o situaciones adversas. Convicción. Fidelidad y seguridad en las relaciones sociales o afectivas.

Tauro y el dinero

El dinero es el tema central de la vida de un taurino. Es como la lámpara de Aladino o una energía que tiene cierta carga divina. El problema es que, a veces, caen en una excesiva codicia faltando a los valores éticos por este papel tan preciado para los nativos de este signo. Cuando aprendan que en realidad es su búsqueda de afirmación y poder lo que lo lleva a apreciar excesivamente lo material y que no hay dinero que pueda pagar su propio valor, tomará conciencia que también uno puede sentirse en el paraíso cuando se desprende del miedo de perderlo.

Tauro y las mentiras

El taurino tiene mucha habilidad para mentir tanto en el amor como en los negocios. Saben utilizar diferentes técnicas diplomáticas para conseguir todo lo que quieren. Inclusive, a la hora de decir mentiras, lo realizarán con la mejor sonrisa. A este signo, le encanta tener más de una persona o amante a su alrededor y no tendrá problemas en mentir para ocultar un engaño, especialmente si tiene problemas sexuales con su pareja y encuentra alguien que lo excita mucho.

GÉMINIS: Las posibilidades

ATRACCIÓN

Cómo seducen los geminianos

Géminis, ya sea hombre o mujer, se caracteriza por sus ojos saltones o agudos. Observan en forma casi fija pero al mismo tiempo distraída, a su próxima víctima. Este inestable seductor/a empedernido/a, con talentos múltiples especialmente para hablar y no parar de preguntar.

Su diálogo siempre comenzará con una pregunta: ¿Te conozco de este lugar? ¿Te vi antes? ¿Dónde trabajas? ¿Estudias? ¿A que te dedicas? ¿Cómo te llamas? ¿Cuántos años tienes? ¿Qué película viste últimamente? ¿Tienes amigos o conocidos en este lugar? ¿Vives solo/la o con tu familia? Falta que pregunte tu número de servicio médico o de documento.

El nativo de Géminis se esconde muy habitualmente del compromiso de hablar de él mismo, detrás de sus preguntas. A pesar de que está siempre rodeado de mucha gente, sus emociones más profundas las comparte únicamente con su único compañero constante: el gemelo que lleva dentro de sí. Nadie más se entera de sus reales pensamientos y menos de sus sentimientos. A la primera señal de aburrimiento o de compromiso serio, empiezan a planear frenéticamente su huida, ya sea por un tiempo o quizá para siempre.

Los geminianos cuando no los controlan, se sienten bien, pero esto no impide que sean infieles porque han nacido para coquetear. Su curiosidad les hace preguntarse en cada oportunidad si, en realidad, no están dejando pasar el gran amor de sus vidas, incluso cuando están casados y se sienten felices en su matrimonio.

Algunos de ellos llevan esto al extremo y se complacen en la excitación de tener una doble vida. Pero son tan rápidos con las palabras que normalmente logran salir airosos de cualquier situación delicada y la pareja de turno arde de rabia y no sabe si dejarse convencer. Creen que el otro es a veces un recién nacido y no se da cuenta de sus extraños manejos. Mantener el ritmo de un Géminis puede resultar muy difícil.

Cualquiera que desee atrapar el corazón de un geminiano debe saber, que la mejor estrategia es hacerse el huidizo o esquivo y ganarle la partida en correr más rápido durante un tiempo muy largo, para despertar su interés.

Una vez involucrados, los geminianos pueden ser difíciles de sujetar, porque están constantemente en otro lado, nadie sabe en donde realmente.

El problema es que en el momento de plantear los problemas de pareja, los geminianos pueden ser bastante fríos, afectivamente hablando, y planteen que necesitan un cierto grado de libertad para poder sentirse estimulados dentro de la pareja. Esto no es muy aceptado en general, y es eso lo que buscan, que el otro no los acepte y ellos puedan salir volando como una mariposa insaciable de aventuras.

En el aspecto sexual, nunca está demasiado tiempo quieto. Su necesidad de estimulación constante, requiere movimiento continuo, una vida sexual excitante más que apasionada. Fue probablemente un geminiano quien escribió el primer manual sobre sexo: Cómo cambiar de posiciones en menos de un segundo. Les encanta hablar del tema sexual o del erotismo a veces más que practicarlo.

CONQUISTA

El hombre

Si estás enamorada o interesada en un hombre de Géminis, prepara ya un turno con un exorcizador de los buenos. Esos que saben matar pulgas, bichos, espectros y otras fumigaciones, porque lo tuyo no es fácil, y hablo con mucha experiencia al respecto de un signo tan pero tan extraño. Prepárate para tener cien hombres al mismo tiempo pero por el mínimo precio de encontrar siempre el mismo a la hora de despertarte con este movedizo personaje. Allí ya comienza la primera tragedia.

Cuando lo buscas para desayunar o saludarlo, te darás cuenta que se ha retirado de tu casa, tan apurado que no te diste cuenta. La culpa es tuya si te despiertas tarde (a las 6:05 a.m.). Por eso no intentes hacer como el refrán: al que madruga Dios lo ayuda, porque seguro fue un Géminis quien lo inventó. Es imposible encontrarlo. ¿En un teléfono celular? Tampoco lo intentes.

Si llegas a conocerlo en una reunión social, donde él esté representando su fascinante acto de las múltiples personalidades, no tienes salvación: quedarás convencida de que es el hombre más atractivo, interesante e inteligente que hayas encontrado jamás. Si te convenció de cualquier cosa que quieras escuchar, (siempre estará dispuesto para darte los gustos), sin que te des cuenta te tendrá atrapada con sus cien brazos, que maneja tan hábilmente cómo un pulpo y no tendrás escapatoria.

Al día siguiente te llamará por teléfono, para deshacer la cita que había planteado en el momento que te tenía convencida de todo lo que querías escuchar y la suspenderá sin ningún motivo aparente. Tú comenzarás a imaginarte toda clase de cosas. ¿Hablaba en broma cuando dijo que me amaba? ¿Estará saliendo con alguna otra chica? ¿Tendrá algún problema? Es posible que tus temores tengan fundamento, pero también es posible que no lo tengan.

Una semana después, Géminis reaparece lleno de comentarios sar-
cásticos, malhumorado e irritable. Se mostrará impaciente y crítico. Es
posible que critique tus zapatos, tu lápiz de labios o tu gusto literario,
y que en realidad esté buscando algo para no verte otra vez y menos
para que haya posibilidad de ser felices juntos.

Si sobrevives a esa experiencia, al cabo de pocos días más estarás visitando una galería de arte, un teatro, un museo o biblioteca, una cancha
de golf, un estadio de fútbol o cualquier otro desconcertante lugar, con
tu geminiano.

Pero los buenos jugadores saben cuáles son las posibilidades para
hacer una apuesta. No te ilusiones si quieres formar una pareja estable
con este personaje. Podrás tener éxito los primeros tiempos, pero luego
vivirás con los pelos de punta.

La mujer

Cómo conquistar a una inconquistable geminiana dotada de un gran
encanto, podría ser más feliz todavía si aprendiera a gozar de los placeres de los momentos íntimos y tranquilos.

Cuando se interese por esta señorita, primero tendrá que estar en la
mejor forma para responder a sus demandas desde lo estético, lo intelectual o lo económico.

Esta mujer es un rompecabezas muy interesante, en un constante
cambio de escenario. Un día aparecerá como la más tierna de las criaturas, al otro una leona ardiente y discutirá por todo. En otro momento va
a parecer la mejor ama de casa y madre de sus hijos y al instante que le
sugieras la posibilidad de una relación más seria, te dirá: "Me olvidé de
llamar hoy por teléfono a un amigo, y ahora recuerdo que me estaba
esperando para salir".

Con este frío y desinteresado tono, quedarás patas para arriba, sin
poder comprender quien fue el maldito enemigo que te presentó a este
personaje que aparentemente te quiere tomar de tonto.

Pero no es así. La ingenua y despistada geminiana, está buscando despertar tu interés de la manera más insólita. En el fondo, como le teme tanto al compromiso, igual que su gemelo hombre el geminiano, no sabe si tú eres el hombre de su vida y comienza a dudar hasta de tu nombre.

De este modo, cada vez que rompe tu corazón, también se rompe el suyo. No te preocupes, ellos también están provistos de este importante y vital órgano, aunque en el fondo no lo parece.

Al otro día de esa increíble salida, está tan preocupada por los detalles y sobre el modo de como se equivocó en ella, que si no te llama es porque era verdad que había alguien esperándola en otro lugar y esta persona no tuvo la ocurrencia de invitarla a casarse.

Cuando intentes acercarte de nuevo, la geminiana tendrá tendencia a la reserva, así que te convendría abrirte y esperar que sea ella, la que por una increíble casualidad, te llame para saludarte. En realidad se muere por verte.

Se inclina demasiado a mantener las cosas en el nivel superficial, por eso lo mejor para el enamorado de una geminiana es tratar de no conquistarla, lo más importante es que se auto conquiste. ¿Cómo? Si, eso es lo más difícil de entender, pero sucede.

LA CONVIVENCIA CON LOS GEMINIANOS

Para que géminis se quede a tu lado nunca debes:
- No darle sorpresas todos los días, buenas o malas no importa.
- No ser rutinario y predecible en los hábitos de conducta.
- No explotar por cualquier cosa que ellos hagan.
- No reírse de sus malos chistes.
- No ser comunicativo.
- Demostrar ser muy emocional o sensible.
- No mostrarse muy impresionado por sus actuaciones.
- No halagarlos demasiado.
- No darles soluciones, porque ellos aman los problemas y les resulta muy difícil aceptar consejos.
- No engancharse con las palabras literalmente hablando, son demasiado hábiles y pueden crear mundos con una sola palabra y quedarte totalmente desarmado.
- No cuidarlo en su aspecto es algo que no toleran de su pareja, es importante que le marques una ropa ridícula que se haya puesto, aunque luego no escuche a nadie.

GÉMINIS Y EL SEXO

Posición en el Kamasutra

A Géminis le encanta moverse sin parar y esto lo refleja en el plano erótico, por ello la posición recomendada para este signo es: La acrobática.

Esta posición puede parecer incómoda pero, si la flexibilidad lo permite, puede resultar muy excitante. Él se acuesta relajado y erecto. Ella se coloca de espaldas con las rodillas flexionadas, después de ser penetrada se inclina hacia atrás. La mujer sobre su amante, debe levantar y relajar su cuerpo siguiendo un ritmo lento. Según el Kamasutra, muchas de estas posiciones están tomadas del yoga, así que los geminianos, y especialmente ella, tienen que estar bien preparados físicamente para realizarlas.

¿Cómo disfruta Géminis?

Al geminiano le encanta tener una compañera muy sociable, que tenga grandes relaciones con personas importantes para que él pueda divertirse y contactarse. Además disfruta de una mujer que lo acompañe y que no sea celosa o posesiva en ningún sentido.

A Géminis le interesa que una relación funcione con su pareja como una película de comedias ligeras. Pero, básicamente, que todos se sonrían de los comentarios que él realice y que los crean muy ocurrentes.

Si una persona quiere ganar el corazón de una geminiana debe ejercitar mucho la paciencia. Porque en realidad es muy difícil saber lo que la hace disfrutar. La geminiana es muy inteligente. Se interesa por todo y le atrae el misterio.

Conviene hacerle creer que es libre para que experimente lo que necesite en el plano del placer. De esa forma siempre estará cerca de ti. Nada de lo que te propongas debe repetirse a largo plazo ya que se cansaría abandonando la relación. La paciencia es justamente algo que no le provoca ni un poco de placer.

¿Qué es lo que más excita a Géminis?

Para los geminianos, el acto de hacer el amor no es solamente una necesidad instintiva, también es una estimulación mental. Por eso, lo que realmente le excita a los nativos de este signo es hablar de este tema, a veces más que realizar el sexo en sí mismo. Si quieres satisfacer su instinto sexual debes hablar de ello primero, en forma sutil y luego, en forma cada vez más intensa.

En la intimidad, como son curiosos, tratan de experimentar distintas posiciones y técnicas. También es importante que insistas en las prácticas y técnicas, de esa forma estimularás su sexualidad mental.

El ritmo sexual

Los geminianos de ambos sexos necesitan cierta confianza para alcanzar un ritmo en sus relaciones sexuales. La palabra clave para este signo es la variedad. Por ello, son grandes consumidores de juguetes y diferentes videos eróticos que les sirve para mantener su imaginación siempre activa.

Los geminianos necesitan pensar en el acto sexual en forma salvaje o imaginar diferentes formas y personas para lograr el ritmo sexual perfecto.

Masajes eróticos

La zona que más le gusta que le toquen y relajen a un nativo de este signo son los hombros, las manos y los brazos. Si puedes lograr que un geminiano se relaje y no realice miles de movimientos como un pulpo tendrás una intensa relación sexual.

Acuesta a tu pareja boca abajo y coloca sus manos hacia arriba. Comienza tus masajes a nivel de los hombros. Con la ayuda de tus dedos pulgar e índice, masajéalo con movimientos ascendentes hacia el cuello y descendentes hacia los brazos.

Detiene tu marcha por un rato en cada una de sus manos, con caricias en cada dedo. Estos masajes, Géminis, no los olvidará jamás.

Para tener buen sexo debes . . .

Entender que hacer el amor no es para los geminianos, como para otros signos, una necesidad instintiva que pueda llegar a obsesionarlos, ya que muchas veces una conversación sobre sexo los puede satisfacer tanto como el acto en sí mismo.

Como son curiosos, tratan de experimentar distintas posiciones y técnicas en la intimidad, pero muchas veces apenas si llegan a disfrutarlas, ya que no se destacan precisamente por dedicar mucho tiempo a sus encuentros íntimos. Esta velocidad para la acción puede ocasionarles algunos problemas de pareja.

Lo que no perdona en una relación

Sentir aburrimiento. Cuando comentes varias veces o en forma muy reiterada una anécdota que a ti te siga pareciendo divertida y continúes festejándola, mientras que al geminiano le parece de lo más aburrida.

Lo que no te perdona un geminiano es que varias veces en un día no percibas o que no escuches los comentarios que a él le parecen muy interesantes, y además muy ocurrentes. Que le ocultes información que él cree que es importante tener, pero que lo hagas a propósito, para que no pueda descubrir algún secreto que él por su curiosidad quiere saber ansiosamente.

Cómo lograr el éxtasis sexual con Géminis

Lo que realmente le excita al nativo de este signo es hablar del tema sexual, a veces, más que realizar el sexo en sí mismo. Si quieres satisfacer su instinto mental deberás primero tener largas charlas telefónicas o vía chat, tratando de darle una idea de cómo vas hacerle el amor.

Después de cansar su mente y llenarlo de fantasías, en el caso que te haya dado tiempo, podrás verlo vulnerable a ti y realizar lo que desees con este nativo.

El secreto erótico de Géminis

La intensa actividad mental de este signo, lo conduce a una gran variedad de experiencias sexuales breves. El objetivo no es la competencia sexual, sino la capacidad de reconfirmar su sexualidad tantas veces como lo imagine.

Desea integrar los sueños eróticos con el mundo real, pero rara vez lo consigue. Las palabras secretas para conocer sus debilidades son: fantasías eróticas activas, espontáneo pero alerta a la respuesta del otro, modelos sexuales repetitivos, habla demasiado durante el acto sexual, tendencias exhibicionistas.

Cómo besa Géminis

Los geminianos y geminianas tienen hábitos muy similares; como son curiosos, tratan de experimentar distintas posiciones y técnicas para besar. No dejan sus brazos quietos y muchas veces no se relajan lo suficiente.

Además, se sienten ahogados por alguien cuando lo besan o se dejan besar. Apenas llegan a disfrutar los mimos, por que no son precisamente los que le dedican mucho tiempo a los encuentros íntimos.

Esta velocidad interna, no siempre termina la pasión que un beso puede llegar a iniciar. Con este signo las técnicas de besar no tienen mucho efecto.

GÉMINIS EN PAREJA

La pareja ideal de Géminis

Para los geminianos el acto de hacer el amor no es solamente una necesidad instintiva, también es una estimulación mental. Por eso, lo que realmente le excita al nativo de este signo es hablar del tema, a veces más que realizar el sexo en sí mismo. Si quieres satisfacer su instinto sexual debes conversar acerca de tus fantasías sexuales, tus deseos más extravagantes.

En la intimidad, como son curiosos, tratan de experimentar distintas posiciones y técnicas. Es importante que lo acompañes en esta aventura ya que de esa forma estimularás su sexualidad mental.

Recetas para enamorar a Géminis

Con este hombre tan versátil, la mejor receta es esperar a que se canse de su propia hiperactividad; por lo tanto, cuando ya está listo para el postre, te presentas con una gama diferente de personajes para intercambiar.

Puedes teatralizar para él, desde una colegiala disfrazada con delantal hasta una vedette super sexy. Si puedes conseguir pelucas de diferentes colores, será el mejor de los ingredientes. Así, él podrá cumplir con su fantasía erótica de estar con varias mujeres al mismo tiempo.

Dietas del amor para las geminianas

Es una tarea muy difícil enamorar a una mujer geminiana. Darte secretos para seducirla es muy fácil pero lograr que entregue su corazón, ya es mucho pedir.

La receta más acertada es ser casi indiferente y despertarle todo el tiempo curiosidad, para que se interese por todo lo que realices. Si te muestras meditabundo y casi errático, posiblemente la puedas tener apta y preparada para hacer el amor.

La atracción fatal de Géminis

- Sus ideas geniales para lo prohibido y excitante.
- Jugador nato de infinitas posibilidades para las relaciones del amor.
- Su capacidad de seducir hasta las piedras cuando lo desea.
- El temperamento interactivo para no caer en la rutina del sexo y del amor.
- La capacidad de adaptabilidad a todo tipo de relación, situación, espacio, tiempo y persona.

Por qué le teme Géminis al compromiso

Unos de los signos con mayor miedo a formalizar con su pareja es Géminis, debido a que sus características de personalidad y sus inseguridades le complican la vida a la persona que ama a un nativo de este signo.

La falta de profundización en las emociones, de confiabilidad, la superficialidad, ambivalencia, inconstancia, produce muchas veces gran desconfianza en los que lo rodean. Un geminiano tiene que estar realmente enamorado de su pareja para desear un compromiso como el de matrimonio.

La zona oscura del amor para Géminis

La inconstancia e inestabilidad en las relaciones tiene por resultado esa famosa tendencia a no comprometerse que tienen los geminianos. Han dejado muchos amantes sin dar explicaciones.

Tu apariencia de estar preocupado por trivialidades genera en los demás cierta irritación y burla. Con esta forma de relacionarte, provocas en los que te rodean algo totalmente lógico: nadie te toma demasiado en serio. Entonces, surge la pregunta: ¿alguna vez en tu vida has estado seguro de lo que sientes?

Cómo anticiparte a la reacción de tu pareja Géminis

Tendrás que saber de antemano que su reacción, acción y pensamiento provienen de un carácter inmaduro, fantasioso, imaginativo y a veces irracional.

Su forma de pensar es variada, curiosa, comunicativa e ingeniosa; y sus acciones son flexibles, hábiles, liberales y a veces muy concentradas en su deseo, sin mirar al que tiene enfrente.

Lo que más admira Géminis de su pareja

- Que seas sociable, que conozcas gente en todo lugar que te acompañe.
- Que tengas muy buenos contactos en todos los planos de tu vida social, económico y afectivo.
- Que no seas celoso o posesivo.
- Que no le demuestres inseguridad o incertidumbre.
- Que seas divertido y que siempre tengas una respuesta positiva a sus comentarios, aunque estos sean aburridos y pesimistas.
- Que tengas el don de la síntesis para explicar algo que no le interesa pero que no le queda otro remedio que enterarse.
- Que no le hagas planteos sobre sus sentimientos ni creencias.

¿Por qué es infiel Géminis?

Los geminianos, aunque se encuentren casados, son inestables en las relaciones y tienen esa famosa tendencia a no comprometerse demasiado con nadie. La pregunta que surge es: ¿alguna vez en su vida estará seguro de lo que siente un geminiano/a?

Es muy difícil, por eso necesita relacionarse con mucha gente para comparar experiencias en todos los terrenos del amor. Los geminianos, cuando son infieles, no lo son tanto por un deseo hacia el otro, sino por curiosidad, por sentir algo diferente.

Cómo conquistar al hombre de Géminis

¿Cómo entrenarte para seducirlo . . . ?

Si estás enamorada o interesada en él, debes estar preparada para cualquier cosa, porque no será una tarea fácil. Tiene tantas personalidades, que es como tener cien hombres al mismo tiempo. Al despertar, quizás no lo encuentres a tu lado y allí es donde comenzarán los problemas.

Cuando lo busques para desayunar, él seguramente ya se habrá retirado de tu casa. Por supuesto se fue tan apurado que no te has dado cuenta. Él puede estar en actividad desde la seis de la mañana. Quizás tampoco lo puedas localizar horas más tarde.

Cómo conquistar a la mujer Géminis

¿Podrás conquistar, sin enloquecer, a esta mujer tan especial . . . ?

Es un rompecabezas muy interesante. Cambiará constantemente de escenario: un día aparecerá como la más tierna de las criaturas; al siguiente será una leona ardiente y discutirá por todo.

Otro será la mejor ama de casa y madre de tus hijos. Pero, en el instante que le sugieras la posibilidad de una relación más seria, te dirá: "Me olvidé de llamar por teléfono a un amigo, y ahora me acuerdo que me espera para salir".

La ingenua y despistada geminiana, busca despertar tu interés de la manera más insólita. En realidad le teme al compromiso y no sabe si tú eres el hombre de su vida o no. En ese momento estará llena de dudas.

GÉMINIS EN SOCIEDAD

¿Qué perfil muestra a los demás?

Se muestra como un ser muy dinámico. Su versatilidad personal unida a su continua búsqueda de exteriorización le permite estar siempre renovándose, y puede sorprender bastante a los demás.

Sus incertidumbres le pueden ayudar a resolver situaciones difíciles en el trato social y aumentar su capacidad de credibilidad.

Cómo reconocer a Géminis en la multitud

Un geminiano es fácil de reconocer porque nunca se queda quieto. Para expresarse lo realizará más con sus brazos que con su boca, en forma teatral y hasta puede parecer desenfrenado.

Otras de las cosas que llaman la atención de un geminiano es su forma de hablar intelectual y simpática al mismo tiempo pero un poco superficial en lo se refiere a los sentimientos.

Para reconocer a un geminiano basta con ver una persona moviendo su silla como hamacándose, con varias cosas en cada mano, observado otra cosa y hablando contigo al mismo tiempo.

Siempre estará realizando mil cosas a la vez, puede cantar, hablar por teléfono, mirar la televisión y además estudiar para un examen.

Cómo funciona la energía de Géminis

Es un signo que tiene una energía básicamente mental. Tiende a combinar y experimentar sus ideas como herramientas de un juego. No busca un resultado final, en general lo excita el hecho de experimentar las posibilidades.

Encuentra mucho placer en combinar las ideas, las informaciones y relacionar las personas entre sí.

Cómo se libera Géminis

Tienes una gran inteligencia y tus ideas pueden llegar a ser geniales. Estás conectado con lo nuevo y eres muy inventivo.

Tu forma de comunicarte es poco convencional, puedes sobresalir escribiendo o hablando en público. Tu mente siempre alerta te vuelve apta para cualquier clase de investigación. Pero tus pensamientos u ocurrencias te seducen tanto que a veces quedas atrapado, especialmente por tus propios conceptos mentales que te encierran en una especie de laberinto sin salida.

Los lugares por donde elige pasear

Para que los geminianos se encuentren felices tienen que realizar salidas que posean las siguientes características:

- Lugares muy divertidos donde puedan jugar como los niños o esas discotecas donde puedan cantar y bailar desenfrenadamente.
- Para los geminianos más intelectuales lo ideal es visitar una galería de arte con el artista de moda más cool del momento.

Los mejores regalos para él

A este multifacético hombre, puedes regalarle elementos que sean buenos para divertirse; desde un videogame, un CDROM o DVD. Las computadoras y agendas electrónicas le fascinan. También les encanta la música, así que tendrás que conocer el mejor tema de moda, para no quedarte afuera de sus gustos.

Todo lo que sea comunicaciones, desde un teléfono celular hasta un curso de internet, puede ser divertido para este hombre; y si creas una comunidad de amigos para él o un canal de chat, estará encantado.

Los mejores regalos para ella.

Si tienes interés por una geminiana, tendrás que saber que si deseas regalarle algo, tarde o temprano, mostrará el hechizo de sus manos, sedosas, perfectas para lucir joyas o pulseras de oro.

Le gusta divertirse y la música; tendrás que conocer el mejor tema de moda y el último grupo musical. Un libro es un regalo valioso para las geminianas, pero prefieren los best sellers o lo último que salió al mercado para comentarlo con sus amigas.

Si logras que te diga sí a tu primera invitación, trata de llevarla a un lugar misterioso, porque las geminianas adoran las sorpresas y si la cena es acompañada con música de violines, estará hechizada.

La amistad para Géminis

El ingenio de las personas nativas de Géminis, sumado a su capacidad de comunicarse hasta con las paredes, hace que tengan muchos amigos. Pero, sus relaciones suelen ser bastante superficiales.

Tienen la tendencia a comentar los problemas de sus amigos a los demás. Lo que sucede es que a Géminis le cuesta mucho comunicar sus inquietudes, entonces prefiere hablar de los otros o escuchar sus historias.

Cómo es el hogar de Géminis

Como los geminianos odian sentirse atados, a veces sienten que estar encerrados en sus hogares les produce una especie de claustrofobia.

Si desea reformar su casa, porque necesita convertirla en su centro de operaciones tanto sociales como laborales, lo hará con buen gusto para decorar y combinar los colores.

Las personas de este signo son creativas, tienen buenas ideas para muchas cosas y son muy hábiles con sus manos.

El día afortunado para Géminis

Miércoles: del latín *mercuridies*, día de Mercurio. Era el dios del comercio y el de los viajeros, por ese motivo sus templos se edificaban a la entrada de los pueblos.

Mercurio realiza los encargos y mensajes de los demás miembros del Olimpo, dando recados y realizando negociaciones públicas, secretas, serias o frívolas. Géminis está regido por el planeta Mercurio.

¿Qué carta del tarot le corresponde a Géminis?

Cada carta de tarot representa un arquetipo energético interno y tiene su correspondencia con tu signo del zodíaco, determinando características de tu personalidad.

Los nativos de Géminis están representados por la Carta VI: Los Enamorados.

Cualidades: Amor, belleza, perfección, armonía. Confianza. Probable inicio de un amor pasajero o definitivo. Poner a prueba a las personas en sus sentimientos más profundos. Interés por los problemas de la amistad o pareja. Capacidad de comunicación. Relaciones importantes con personas influyentes.

Géminis y el dinero

Para este signo el dinero es un medio para sus juegos y experiencias, no un fin en sí mismo. El problema de esta mentalidad, es que puede perder dinero fácilmente apostando en un casino o en un hipódromo, sin importarle las consecuencias, ya que para Géminis lo único importante es pasarla bien.

Este signo debe aprender a manejar su mente y no gastar su tiempo o dinero en temas que no lo alimentan.

Géminis y las mentiras

Los geminianos tienen la fama de ser falsos, de tener doble personalidad, de mentirosos. Estos pobres nativos se han hecho cargo de toda la agresión de los demás. Pero, lo que otros signos llaman mentiras, los geminianos es el otro lado de la realidad.

Si quieren relacionarse con dos personas a la vez y no comentan nada sobre esa relación, es porque para estos nativos eso es algo normal, no es una mentira. Lo que sucede es que ellos no comprenden a los demás. Para ellos la monogamia es un tema del pasado que ya no está en vigencia.

Capítulo 4

CÁNCER: La sensibilidad

ATRACCIÓN

Cómo seducen los cancerianos

Tanto la mujer como el hombre de este signo son capaces de hacer todo lo posible para que su amante se sienta feliz y cómodo. No puede negarse que Cáncer sea el signo doméstico del zodíaco y que tanto la mujer como el hombre de Cáncer disfruten creando un hogar para el compañero. Esto puede ser muy seductor para algún signo y muy poco para otros.

Pero cuidado con un amante canceriano ya que es excesivamente celoso. Podría crearse problemas por cualquier pequeña actitud del otro. No pierde nunca sus actitudes cariñosas porque resultan muy beneficiosas en este mundo duro que nos rodea. Posiblemente te inviten a su casa si te quieren seducir y te presenten a los tres días de salir a toda la familia. Si a tu familia no le simpatizas es difícil que Cáncer también te acepte.

Si eres de Tauro estarás contenta/o y orgullosa/o, pero si no eres de un signo de fuego o de aire saldrás espantada/o en dos minutos después de mencionar la palabra presentación o familia.

El signo de Cáncer tiene un apego grande por la familia y te lo hará sentir para bien o para mal. Tratan de ser madre o padre de sus parejas y esta situación les puede llevar al fracaso y acabar abandonados y solos.

En el tema sexual son excesivamente sensuales y cariñosos, pero conquistan después de un tiempo, porque les cuesta entregarse a nivel pasional. Tienen tendencia a sofocar a los demás. Cuando el canceriano ama es muy posesivo.

CONQUISTA

El hombre

Las emociones cumplen un papel muy importante en la vida de los hombres y mujeres de Cáncer.

Los nativos de este signo son naturalmente defensivos y temerosos de salir lastimados de una relación porque ponen el corazón y el alma en sus relaciones amorosas.

Los cancerianos tienen fama de fieles, pero si su pareja no le demuestra el suficiente interés o deseo se vuelven inestables y hasta infieles. Necesitan demasiado apoyo, estímulo y fuerza del otro.

Si deseas conquistar a un canceriano debes ser una gatita mimosa y cariñosa. Estarán atentos a tus demandas si muestras necesidad de protección.

Los cancerianos deben sentir que son importantes en tu vida. Pero, a diferencia de los leoninos o arianos quienes necesitan sentirse protagonistas, ellos quieren ser más como un padre o un hermano mayor que necesita protegerte de la ardua vida, que según ellos te toca vivir.

Lo más importante es que te muestres leal y segura de tus sentimientos hacia él. Debes cuidarte de no provocarle celos o fantasías con acotaciones de otras relaciones que tengas ahora o en el pasado. La hipersensibilidad de Cáncer podría detectar tu manejo y esto no le gustaría nada.

A nivel sexual necesita una compañera que se entregue mostrando mucha pasión. Al principio de la relación suele estar demasiado atento a tus gustos y placeres, y es esto lo que puede inhibirlo de actuar más libremente en el sexo.

Otra cosa importante para seducir a un canceriano es no intentar parecerte a la madre, ya que eso sería fatal en tu conquista. La madre es incomparable, si él hace algún comentario y te compara trata de no parecer mejor que ella, sino todo lo contrario.

Los estados de ánimo pasajeros y cambiantes de estos extraños lunáticos de Cáncer están sincronizados con la Luna.

A la hora de regalarle algo, trata que sea alguna prenda que no esté demasiado de moda porque a los cancerianos les gusta guardar las cosas por un tiempo antes de usarlas. Es como si la cargaran de cierta energía especial, que sólo ellos conocen.

Es posible que un día después de que pensaste que ya no la usará, él la comience a usar todos los días. ¿Quién podría saberlo? Tal vez la mamá ...

La mujer

Pese a todos los altibajos de carácter, las cancerianas son bastante previsibles. Su inconstancia les da un cierto tono de misterio. Su romanticismo excesivo demuestra que siempre están suspirando por el príncipe azul del algún cuento de hadas, que no existe más que en su imaginación.

Puede que haya cosas que esconda, pero la vanidad no es una de ellas. Si eres de esas personas que se enfrían fácilmente, vas a tener que lidiar para conquistar a una mujer de este signo.

¡Nunca muy lejanas del pesimismo, estarán prontas a frustrar los hermosos vuelos de tu fantasía y al mismo tiempo provocar tu intriga e interés!

Parte de sus inseguridades es que no comprende por qué la elegiste a ella como blanco de seducción, habiendo tantas mujeres más bonitas.

En general, como la Luna, la mujer de Cáncer es magnética y bella. No obstante, ella se ve a si misma gorda o deforme, aunque jamás lo manifieste. Le gusta lucir escotes para mostrar sus pechos, que son la parte más atractiva de su cuerpo.

Pueden volverte loco de amor cuando se presenten deslumbrantes como una luna llena, y puedes aullar como un hombre lobo ante ella.

Hay dos tipos de cancerianas básicas a nivel físico. La primera tiene un agradable rostro redondo, la piel suave, la boca grande y sonriente, los ojos casi circulares y un aspecto de bebé.

En el rostro de las otras, se advierte inmediatamente el inconfundible "aspecto de cangrejo". Verás un cráneo bastante grande, de cejas salientes y pómulos altos.

La mujer de Cáncer jamás confía en los extraños y hay ciertas cosas que ni siquiera sus mejores amigos saben. Llegar a conocerla exige mucho tiempo una buena dosis de paciencia. Si te le presentas en uno de sus días agrios y quisquillosos, es posible que no te sientas muy deseoso de conocerla mejor. Prueba otra vez, no abandones tan fácilmente.

Un dato interesante para los hombres "ahorrativos". Una mujer de Cáncer puede ceder a un súbito impulso de gastar cuando la han herido y necesita calmar el dolor de los golpes, pero durante la mayor parte del tiempo sus gastos quedarán considerablemente por debajo de sus ingresos.

LA CONVIVENCIA CON LOS CANCERIANOS

Para que cáncer se quede a tu lado nunca debes:
- No ser romántico/a.
- No darles el gusto a sus pequeños caprichos.
- No hablar mal de la madre en ambos sexos.
- No ser ordenado/a.
- No ser considerada/o.
- No dejarse proteger.
- No calmarle la depresión.
- No demostrar amor y fidelidad.
- No demostrar algún interés económico en la relación.
- No regalarle flores en el caso de un hombre.
- No tenerle la camisa bien planchada en el caso de una mujer.
- No recordar la última poesía que escribió para ti.

CÁNCER Y EL SEXO

Posición en el Kamasutra

A Cáncer lo cautiva sentirse amado y esto lo refleja en el plano erótico, por eso la posición recomendada para este signo es: El abrazo total.

La pareja está de pie, desnuda y enfrentada. Ella sube a su compañero en los hombros y abraza su cuerpo con las piernas. Él toma a la mujer de las caderas y la atrae a hacia su cuerpo. El abrazo total es parte de un sexo pasional y creativo, donde el contacto corporal es muy completo.

¿Cómo disfruta Cáncer?

Tanto el hombre como la mujer de este signo disfrutan de un hogar tranquilo, bien decorado y, por sobre todas las cosas, cómodo. Los hombres desean tener una compañera simple y con gran estabilidad emocional. Necesitan para su paz mental que su pareja le demuestre un compromiso verdadero. Los cancerianos disfrutan de la comunicación sutil y con cierto misterio, y detestan los cambios sin aviso previo. La mujer de Cáncer, puede reírse y llorar al mismo tiempo.

La mujer de este signo es un ser muy perceptivo y se fascina descubriendo el mundo a su alrededor. Puede ser una mujer delicada e impresionable; y a veces muy asustadiza. Su mundo emocional es inmenso y tiene una gran necesidad de dar y recibir cariño. Puede ser bastante tímida para relacionarse con el placer pero una vez que comienza a disfrutar puede ser imparable. Nunca hay que obligarla o forzarla a nada. Te encuentras ante una mujer que posee gran sensibilidad y es muy vulnerable, con reacciones infantiles y primarias. Trata de tenerlo en cuenta para hacerla disfrutar mejor.

¿Qué es lo que más excita a Cáncer?

Si pretendes seducir y excitar a este signo tanto a los hombres como a las mujeres, tienes que utilizar toda tu ternura y capacidad de amar, porque cáncer a pesar de lo que demuestra es bastante inseguro y necesita primero que lo amen. El afecto es el camino más directo para que abandonen el rígido caparazón que los ata a su cuerpo y alma. El sexo para ellos es parte del ritual de las caricias y de los besos, son muy buenos besadores. Jamás debes censurar sus iniciativas sexuales salvo que vayan contra tu propia libertad o moral porque sino, a ellos que les cuestan demostrar interés, se sentirán ofendidos.

El ritmo sexual

Tanto los hombres como las mujeres de Cáncer tienen mucho temor al rechazo cuando desean a una persona en forma intensa. Por eso, se erotizan con gran facilidad, pero con un sentimiento de culpa no común en otros signos. En la adolescencia, en general, es un tema tabú para este signo. Ellos prefieren ilusionarse y tener sueños eróticos antes de estimularse pensando en su propio ritmo sexual. Pero a medida que maduran, incluyen ese acto con un ritmo lento pero muy sexy de manera natural en una relación sexual.

Masajes eróticos

Para un nativo de este signo darle una dosis de masajes es volar al paraíso. Ellos prefieren las caricias antes que la sexualidad. Encuentra su parte más débil o más excitable. En el caso de una mujer suele ser los senos y toda la zona del tórax; en el caso de un hombre, sus pectorales y la zona del aparato digestivo. Realiza un masaje sensual y con mucha ternura por estas zonas, pídele que respire profundo y luego deje sacar el aire. En pocos minutos, tendrás a este cangrejo relajado y feliz por haber encontrado un tesoro, o sea, a ti.

Para tener buen sexo debes . . .

Tener en cuenta que los cancerianos precisan mucha ternura en un primer encuentro sexual. Por eso, quien pretenda seducirlos debe saber que el afecto es el camino más directo para que abandonen el rígido caparazón que los ata a su cuerpo y alma. Si su pareja los censura mientras se liberan, lo más probable es que se replieguen en sí mismos. Encontrar una nueva oportunidad para que se vuelvan a abrir será muy difícil.

Lo que no perdona en una relación

Cáncer no perdona cuando él demuestra afecto y lo rechazan, ya que suele ser muy inseguro y tiene mucho miedo a la soledad. Puede sentir que el impulso de abandonar la relación que tenía por un rechazo es como si le atravesaran un puñal en el estómago. No le gusta que ataquen a su familia y menos a sus progenitores. Puede perdonarlo más de una vez pero si llega a evaluar que es injusta la crítica, pueden no perdonarte jamás.

Cómo lograr el éxtasis sexual con Cáncer

El afecto es el camino más directo para llegar a la cama de un canceriano. Con mucha ternura y capacidad de amar lograrás que abandonen el rígido caparazón que los ata de cuerpo y alma. El sexo para ellos es parte del ritual de las caricias y de los besos, son muy excelentes a la hora de besar todo el cuerpo y le gusta que los acaricien sin parar. Este signo es vulnerable a todo. Y, si no, se hacen los debiluchos para que lo protejan.

El secreto erótico de Cáncer

A este signo le atraen las personas mayores, ya que desea que lo protejan a nivel sexual. No soporta el rechazo y, quizás, evite acercarse al sexo opuesto si siente que existe esta posibilidad. Su timidez casi infantil le impulsa a buscar parejas de carácter muy fuerte o demasiado conflictivas en el plano de la sexualidad. Las palabras secretas para conocer sus debilidades son: Impulsivo y repentino en su deseo erótico, infantil, posesivo, oculta sentimientos, se avergüenzan con facilidad.

Cómo besa Cáncer

Para cáncer el beso es lo más importante del ritual amoroso, ellos son orales por naturaleza. Nunca dejaron de añorar el pecho de mamá. Tanto los hombres como las mujeres de este signo se sentirán ofendidos, si su amante no les da un beso prolongado al mejor estilo de Hollywood. Los cancerianos son los más indicados para dar clases de besos, porque son profundos y apasionados, pueden despertar miedo porque llegan a ahogar con su pasión. Son tan mimosos que besarán a sus hijos en la boca, si éstos se lo permiten hasta la adolescencia. Los cancerianos son los besadores más destacados de la historia.

CÁNCER EN PAREJA

La pareja ideal de Cáncer

Si pretendes seducir y excitar a este signo, tienes que utilizar toda tu ternura y capacidad de amar, porque Cáncer como es bastante inseguro necesita primero que lo amen. El cariño es el camino más directo para que abandonen el rígido caparazón que los ata a su cuerpo y alma. Es importante que acompañes la relación sexual con un ritual de caricias y besos. Para ellos, es más importante esta demostración de afecto que el acto en sí mismo.

Recetas para enamorar a Cáncer

Para una canceriana, lo mejor es darle masajes eróticos, planear una noche romántica, un baño caliente dentro de un yacussi en un lugar privado y confortable. Esto puede fascinarla y despertar amor hacia su pareja. Otro detalle que le encanta a las cancerianas es que le comentes algún cuento o novela de amor, que le recites alguna poesía que hayas escrito para ella, aunque sea sencilla. De esta manera, demostrarás interés y ella estará feliz.

Dietas del amor para las cancerianas

Para cautivar a un canceriano debes utilizar una receta que sea muy dulce, plena de condimentos y de ingredientes creativos. Como los cancerianos son muy mimosos, sería delicioso para ellos, que te dejes untar las partes de tu cuerpo más ansiadas por ellos. Por ejemplo, podrías distribuir en la zona de tus pechos algún ingrediente especial como crema o dulce de frutillas, hasta que ellos se cansen de tomarlo directamente de tu cuerpo. Esta receta milenaria puede conquistar el corazón y él estómago de este hombre para toda la vida.

La atracción fatal de Cáncer

- Su enorme sensibilidad para lograr que se enamoren fácilmente de su persona.
- La facilidad para atraer a la persona que desea, porque conoce rápidamente la psicología del otro.
- Poseen sentimientos profundos y generosos hacia los seres que ama.
- Necesidad de proteger a los que ama y de sentirse seguro de las personas en las que deposita su confianza.

Por qué le teme Cáncer al compromiso

Tanto hombres como mujeres de este signo son sumamente sensibles, por lo tanto tienden a absorber emociones de otras personas. Esto, se suma a sus sentimientos interiores que habitualmente no puede controlar. A pesar de que se cree que Cáncer ama el compromiso y el matrimonio, todos estas mezclas de sentimientos les trae a los cancerianos mucha confusión; así, a veces se paralizan y no saben qué hacer con su pareja. La inseguridad es el demonio que acecha con más frecuencia a sus deseos y planes. Su mente está siempre desbordante de fantasmas.

La zona oscura del amor para Cáncer

Cuando un astrólogo tiene que describir el lado oscuro de Cáncer, lo primero que siente es pena. Porque no sabemos hasta dónde eres consciente de tu personalidad: dependiente, pasivo, infantil, quejoso, cerrado, conservador, melancólico. Tiendes a sofocar al otro por exceso de protección o de dependencia. ¿Hasta cuándo buscarás una madre perfecta, para cubrir todas tus necesidades? No existen, por este motivo, muchas mujeres u hombres de este signo compulsivamente infieles.

Cómo anticiparte a la reacción de tu pareja Cáncer

Tendrás que saber de antemano que su reacción, acción y pensamiento provienen de un carácter bondadoso, sentimientos románticos, suaves y en busca de intimidad. Su forma de pensar es imaginativa, reflexiva, y tienen buena memoria. Sus conductas son compasivas, cálidas, sutiles, con tacto.

Lo que más admira Cáncer de su pareja

• Que seas hogareño y tengas buen gusto, que seas buen anfitrión.
• Que tengas inestabilidad emocional cuando él comienza con sus depresiones o dudas sentimentales.
• Que demuestres compromiso con él.
• Que aceptes sus sentimientos y lo respetes como es, porque al canceriano no le gusta que lo cambien.
• Que no le des noticias diferentes todos los días donde él tenga que readaptase a una idea que se hizo de la relación.

¿Por qué es infiel Cáncer?

Cáncer no es muy conciente de su personalidad. Es dependiente, infantil, conservador y, a veces, melancólico. Pero no le gusta ver su lado débil. Busca una madre o padre perfecto para cubrir todas sus necesidades. No existen parejas o amantes que puedan realizar ese rol todo el tiempo, por eso en esa búsqueda, muchas mujeres u hombres de este signo pueden ser compulsivamente infieles. Cáncer es infiel porque necesita a alguien que lo proteja de sus propios sentimientos negativos hacia sí mismo.

Cómo conquistar al hombre de Cáncer

¿Cómo conquistar el deseo de un complicado canceriano . . . ?

Debes cuidar tus comentarios para no provocarle celos o fantasías. Cualquier comentario que realices sobre relaciones pasadas, puede despertarle la sospecha que deseas dominarlo y esto no le gustará nada. En el plano sexual, necesita una compañera que se entregue con mucha pasión, porque al principio de la relación estará demasiado atento a tus gustos y placeres y si no le demuestras satisfacción, se sentirá inhibido.

Cómo conquistar a la mujer Cáncer

¿Las cancerianas tendrán demasiadas pretensiones . . . ?

A esta mujer le gusta lucir escotes para mostrar sus pechos, que suele ser la parte más atractiva de su cuerpo, pero no están seguras si ese detalle puede excitarle al otro. Así que debes demostrarle que le gustas, si es necesario a los gritos. Si está deprimida, no se dará cuenta de nada. Jamás confía en extraños, y hay ciertas cosas que ni siquiera les cuenta a sus mejores amigos. Llegar a conocerle, exige mucho tiempo y una buena dosis de paciencia. Un dato interesante para los hombres "ahorrativos": la mujer de este signo puede gastar dinero cuando la hieren y necesita calmar su dolor; pero la mayoría de las veces, sus gastos serán considerablemente menores a sus ingresos.

CÁNCER EN SOCIEDAD

¿Qué perfil muestra a los demás?

Se muestra como una persona que fluctúa entre la sumisión y los deseos de independencia frente al medio familiar. Siente la necesidad de sentirse importante frente a sus seres más cercanos. Busca intimidad en sus relaciones. Su predisposición hacia la fantasía y la imaginación le puede hacer vivir sueños despierto.

Cómo reconocer a Cáncer en la multitud

Cuando observamos una persona de Cáncer podemos ver una actitud y su vestimenta al estilo clásico. Será respetuosa para relacionarse con los demás. Dotados de una memoria prodigiosa recordará hechos sin duda memorables para cada persona que se acerque a él.

Su temperamento afectuoso y muy carismático lo hará sobresalir del resto, especialmente cuando sea dulce y protector en su manera de expresarse hacia los demás.

Es imposible que un canceriano cause mala impresión la primera vez que lo conozcas. Tendrá su atención puesta en todo aquello que tenga que ver con lo social, lo cultural, lo religioso o lo político.

Cómo funciona la energía de Cáncer

Es profundamente emotivo y su función energética es emplear la agudeza y sensibilidad en el amor. Dar alivio, protección y calor a los demás. Su fuerza está centralizada en elevar a los otros. Los cancerianos tienen que considerar la capacidad afectiva y emocional que tienen, para nutrir a los demás en forma totalmente incondicional. Deben saber que la función de este signo es preservar los sentimientos más profundos del ser humano.

Cómo se libera Cáncer

Si quieres buscar la libertad, concéntrate en el plano afectivo. Utilizas los cambios de humor o la inestabilidad en tus emociones para alejar a las personas y encerrarte en ti mismo. Es importante que mantengas vínculos amistosos. Con respecto a la pareja, abandona los protocolos o formatos específicos. Tiendes a ser posesivo con tus familiares y amigos. Debes aprender a liberar esas emociones que te mantienen atado el corazón.

Los lugares por donde elige pasear

Para que los cancerianos se encuentren felices tienen que pensar en salidas que posean las siguientes características:
- Para los clásicos, lo más divertido es darle una sorpresa en su propia casa, como organizarles una fiesta.
- Para los menos clásicos, una salida al cine donde proyecten una película de amor puede ser una opción muy interesante.

Los mejores regalos para él

A este hombre tan especial le encanta los accesorios y elementos de cuero. Es muy clásico para vestirse, una ataché o un maletín, será fascinante para él. Si le compras elementos que sean para su hogar o para mejorar el estilo de su escritorio, estará feliz. Le encantan que le regalen libros románticos o novelas policiales y de intrigas. Si le gusta la naturaleza y tiene preferencias por la pesca, no te olvides de explorar lo que necesita porque estará más contento que un niño en un bazar de juguetes. No descartes un pequeño osito de peluche, porque nunca ha dejado del todo la infancia.

Los mejores regalos para ella

Es clásica y prefiere guardar las cosas por un tiempo antes de usarlas. Es cómo si la cargaran de cierta energía especial, que sólo ellas comprenden. Es posible que pienses que alguna prenda que le has regalado no la use más, pero sin que te des cuenta, en un abrir y cerrar de ojos, la comenzará a usar todos los días. Tendrás que estar atento a todos los altibajos de carácter, para comprender que desean en cada momento. Adora recibir regalos para la casa.

La amistad para Cáncer

Los cancerianos son muy buenos amigos porque les gusta ocuparse de los demás y son muy protectores con sus amistades. Deben aprender a no ser tan apegados a las personas, ni exigirles a los amigos algunas situaciones afectivas que están más relacionadas con una pareja. La verdadera virtud de la amistad es la libertad. El canceriano desea siempre lo mejor para sus amigos, pero debe vencer su tendencia a los celos y posesión de quienes lo rodean.

Cómo es el hogar de Cáncer

Si un nativo de Cáncer tiene como hogar un vagón o un castillo, siempre exige terminantemente que su hogar sea perfecto. Le gusta la iluminación baja, los sillones blandos y cómodos, los colores armoniosos. Necesita tener un refugio apacible en resguardo de las tormentas de afuera. A menudo son también buenos cocineros y esmerados jardineros, y sus hogares suelen ser un refugio cálido y seguro.

El día afortunado para Cáncer

Lunes, del latín *lunae dies*, día de la Luna, el regente planetario del signo del Cáncer. Durante mucho tiempo se contó por meses lunares el curso del año y se atribuyó a la Luna una cierta influencia sobre los seres humanos. Aún hoy, hay países y culturas que se rigen por meses lunares. La naturaleza superior de la diosa de la Luna es romántica, sensible y protectora.

¿Qué carta del tarot le corresponde a Cáncer?

Cada carta de tarot representa un arquetipo energético interno y tiene su correspondencia con tu signo del zodíaco, determinando características de tu personalidad.

Los nativos de Cáncer están representados por la Carta VII: El Carro.

Cualidades: Conocimiento del poder personal y sus limitaciones; buen control de las facultades físicas y mentales. Capacidad para planificar y realizar con éxito cada una de las acciones.

Cáncer y el dinero

Su sentido del humor rara vez se ejercita sobre el frío tema del dinero. A Cáncer, el ruido de los billetes le calma los nervios. Es raro que este no ahorre dinero, en general, puede ser un mago de las finanzas. Es posible que una mujer canceriana guarde, durante toda su vida, la blusa con la que salió con su primer novio. ¿Realiza esto porque es sentimental? Sí, pero también es muy aferrada a los cosas y quiere sentir que no perdió su dinero invirtiendo en cuestiones materiales.

Cáncer y las mentiras

Para que los cancerianos mientan, es porque se trata de un tema muy importante, como, por ejemplo, defender a un amigo que quieran mucho o a un familiar. Pero, cuando quieren defenderse a sí mismos porque aman a dos personas a la vez, en este caso, sus mentiras se descubren de manera rápida. Justamente, el refrán que dice: "las mentiras tienen patas cortas", está relacionado con estos nativos.

Capítulo 5

LEO: La creatividad

ATRACCIÓN

Cómo seducen los leoninos

La gente de Leo ejerce sobre los demás un efecto extraño, que es divertido observar. Es difícil quedarse de pie delante del León sin que vaya uno enderezándose, encogiendo el vientre, echando atrás los hombros.

El leonino tiene una de las personalidades más encantadoras que se conocen. A veces resulta muy pesada su incapacidad para permitir que otro sea el líder. También debería dejar de ser tan dominante, sobre todo si es una leonina. Esta actitud quizás ocasione el rechazo del hombre que trata de cautivar.

Cuando se enamoran tienden a ser extravagantes ya que quieren impresionar al amante recién encontrado. Lo más probable es que quieran renovar el vestuario, comprar el perfume o la loción más cara para después de afeitarse.

El Sol que rige este signo influye en la personalidad brillante: pueden resultar muy divertidos, incansables buscadores de placer a quien le encanta también dar placer. Es consciente de que su personalidad es un don. Siempre resulta maravilloso estar junto a alguien nacido bajo su signo, pero sólo antes de que empiece a dar órdenes: entonces quizá descubra que muchos tienen compromisos ineludibles y se quede solo.

Quítale algo que él esté convencido de que por derecho le pertenece, dale órdenes y no le demuestres respeto. Ya verás cómo los rugidos del supuesto gatito se oyen desde aquí hasta el zoológico. Hay que ser todo un valiente para desafiarle cuando él defiende sus derechos y su dignidad. Hay leoninos que se ablandan con la edad, pero en realidad el León jamás baja su orgullosa cabeza. Su mayor arma de seducción son sus réplicas sorpresivas y fuertes.

CONQUISTA

El hombre

A un leonino jamás le verás las mejillas ruborizadas por la introversión o la timidez. Tal vez encuentres algunos leones que mantengan atenuado al Sol que les rige y se muestren silenciosamente fuertes, dignos y decididos. No te dejes engañar por la suavidad de sus ronroneos. Incluso los leoninos más suaves están en su fuero íntimo convencidos de su regio derecho a dominar sobre amigos y familiares, mientras atisban desde detrás del telón, en espera del momento adecuado.

Si no me crees, búscate un Leo tranquilo, de esos que se hacen los introvertidos, para atacar con su orgullo por sorpresa.

Para reconocerlos simplemente mira a tu alrededor en busca de gente que se parezca a un león o a una leona, con su melena que se aparta hacia atrás de la cara y su mirada engañosamente ociosa.

Los leoninos siempre tomarán decisiones y determinaciones sin claudicar, incluso aunque estas circunstancias lo lleven hacia el fracaso.

Si se funden la seducción con la creatividad emanada por Leo, el resultado produciría cierta clase de relación afectiva cuyo componente más destacado sería la ternura. Pero tendrás que tener cuidado porque al intentar seducirlo puedes quedar muy enganchada ante la ternura de un leonino.

Notarás en él un aire de mando y un porte majestuoso, porque Leo mira con desdén a todos los simples mortales que estén por debajo de él. Es muy deliberado en sus movimientos y en su discurso. Es raro que hablen de prisa. Generalmente su manera de hablar se parece a la de un actor recitando su obra.

Lo primero y último para seducir a este signo es la dulzura. Con ella conseguirás lo que quieres, lo derretirás. Como verás sólo admirando a este rey Apolo lograrás todo lo que quieras. Nunca lo dirijas porque de un zarpazo borrará todo lo que te amaba. Con suerte podrá aceptarte sólo un consejo o una sugerencia.

El encanto de su masculinidad es su sincera superioridad y sus excelentes cualidades, mezcladas de manera inocente con la terrible y transparente vulnerabilidad.

La mujer

No necesitarás tenderle muchas trampas para inducirle a románticas osadías. Se podría decir que una leonina está dotada de un potencial de pasión instantánea. Con tener la oportunidad y agregarle unas velas encendidas y una música suave, el amor florecerá como una rosa roja. En realidad, si no las tienes a mano, hasta puedes prescindir de las velas y de la música y limitarte al primero de los ingredientes. Lo mismo da.

Es posible que a esta altura estés pensando que te ha tocado la lotería. Piénsalo de nuevo, un romance con una leonina no está del todo libre de complicaciones. Podría aprender de los mimados ex novios de la leonina que después de mimos y ronroneos fueron echados a empujones o aullidos.

Tú le perteneces, en cuerpo, alma y mente, a partir de que logró conquistarte. Cuando una leonina se entregó es porque te había elegido antes. No aceptará ni la sombra de otra mujer y te controlará de manera sutil. Querrá saber por qué tardaste dos horas en hacer las compras, con quién te encontraste por el camino, qué hablaste . . .

Prepárate para equilibrar sus magníficos entusiasmos con la calma del razonamiento, y para sosegarla cuando infle los problemas hasta llevarlos a dimensiones increíbles. Los nativos del tipo apacible lo hacen sin mucho ruido, pero no hay ninguna diferencia. Tu profesión más importante a partir de ahora es ella.

Puede aparecer en público con un porte de reina y te hará sentir celos en el momento. Lo mejor es que no sienta que no es el centro de tu mundo porque puede coquetear con tu hermano, tu mejor amigo o con el más buen mozo de tus clientes. Ese es un detalle que muestra que la leonina no está conforme con tus actitudes.

Nadie que esté en sus cabales podría considerarla vulgar, porque es lo suficientemente inteligente, ingeniosa, fuerte y capaz, sin dejar de ser al mismo tiempo deliciosamente femenina.

Si tu mujer o amante es de Leo, sabiendo halagarla llegarás a donde quieras.

LA CONVIVENCIA CON LOS LEONINOS

Para que Leo se quede a tu lado nunca debes:
- No remarcar sus atributos, tanto físicos como espirituales.
- No hacerlos sentir que no son el centro del mundo.
- Que nunca piense que tienes más candidatos/as.
- No olvidarse jamás de su cumpleaños.
- Nunca reprimir sus impulsos de comediante.
- Nunca ridiculizarlo en público.
- Nunca revelar un secreto de ellos a otros.
- Nunca discutir con ellos cuando están exaltados.
- Nunca criticar a sus hijos o a sus propias creaciones.
- Si tienes que decirle algo que pueda molestarle, dilo directamente pero con ternura.
- Para los nativos de Leo, el amor y el sexo no son solamente medios de fecundación, sino importantes motivos para el dialogo con la pareja.
- Nunca descuides el tema sexual, ni el interés por el dialogo.

LEO Y EL SEXO

Posición en el Kamasutra

A Leo le atrae vivir todo en forma apasionada e intensa y esto lo refleja en el plano erótico, por eso la posición recomendada para este signo es: El furor salvaje.

El hombre se sienta, echando su cuerpo levemente hacia atrás. Las piernas pueden estirarse o flexionarse según la comodidad que se disponga, y la cabeza puede estar relajada. La mujer, asumiendo el rol activo de la ocasión, pasa sus piernas por encima de su compañero y apoya sus brazos por detrás del cuerpo. La mirada tiene un componente fundamental y la palabra puede ser una increíble arma para gozar la fusión por completo.

¿Cómo disfruta Leo?

Jamás trates de dar el primer paso con un leonino porque disfruta de que lo mires y celebres sus diálogos, para sentirse los más geniales en una reunión de amigos o especialmente en el trabajo. Los hombres gozan tomando la iniciativa en una relación sexual, como en una cacería en la selva. Disfrutan cuando tienen una compañera cariñosa como una leona y demostrativa como un león. Pero su amante también debe tener capacidad para decidir cuando ellos lo necesiten. A diferencia de las mujeres de Leo, los hombres son un poco más dependientes para el placer.

Las medias tintas no son para esta mujer de Leo. Tiene una naturaleza llana, muy sincera y hay que tratarla naturalmente. Siempre hay que decirle las cosas directamente, de frente. No se le debe esconder ningún tema; es muy generosa y está dispuesta a comprender todo y a aceptarlo, en la medida en que se le hable con la verdad. Para disfrutar necesita muchas demostraciones de afecto, porque necesita sentirse segura. Esta mujer es tan avasallante que a veces puede asustar al hombre que intenta darle placer. Las únicas cosas que lo conmueven son la ternura y la sinceridad de su pareja.

¿Qué es lo que más excita a Leo?

Jamás trates de dar el primer paso con un leonino porque a ellos sólo los excita que les miren, que les festejen sus comentarios, que los halaguen.

A los hombres o mujeres de este signo les gusta tomar la iniciativa, porque ellos piensan que son el centro del universo. Por lo tanto, lo único importante es su decisión. Los demás tendrán que esperar lo que ellos decidan.

El ritmo sexual

Tanto los hombres como las mujeres de este signo se erotizan desde muy temprana edad. El amor que sienten hacia ellos mismos es incomparable a cualquier sensación que pueden tener hacia los otros.

Por eso, para el acto sexual necesitan el juego previo de su pareja con sus órganos genitales. El ritmo erótico de un leonino dependerá de su estado de ánimo y de los halagos de su pareja, para estimularse él mismo con su propio movimiento.

Masajes eróticos

Como buenos reyes, nada mejor para un leonino que lo atiendan, le den de comer y si es posible que lo duerman como a un bebé. Los masajes eróticos en la zona de la columna pueden causarle el mayor de los placeres.

Acomoda a tu pareja boca abajo. Con un movimiento lento y continúo, desliza una mano y después la otra, desde el cuello hasta las nalgas, cubriendo toda la zona de la espalda con un óleo o aceite de ámbar o girasol. Quedará tan relajado que cuando te desee te sentirás tan amada que tocarás el cielo con las manos.

Para tener buen sexo debes . . .

Saber que la persona ideal para un Leo no tiene que ser activa en el plano íntimo, porque esto los llevará a chocar violentamente. Si no coinciden en sus opiniones y creencias más profundas, puede ser que este signo te utilice como un objeto sexual.

Pero en realidad los leoninos tienen muy bien separado el sexo de todos los demás temas de su vida. Porque, para este signo, la sexualidad es algo natural, salvo que tu ternura e intensidad bien combinada los atrape.

Lo que no perdona en una relación

Hay una lista interminable de temas que Leo no puede perdonar: Primero, que le digan que no a lo que realmente desea. Después, que no le marque ni sus virtudes ni sus defectos.

Otra cosa que no perdona es que su pareja halague a una tercera persona que no sea ella misma y en forma repetida. Que no lo tome en cuenta, que le sea infiel, que no lo ame lo suficiente como él piensa que debe ser amado, que lo rechacen.

En síntesis, Leo es un signo que no perdona que alguien lo margine de ser el centro del espacio cósmico.

Cómo lograr el éxtasis sexual con Leo

La mejor forma de fascinar a un leonino es mirarlo y admirarlo hasta el hartazgo; además, les encanta que les festejen todos sus comentarios y que halaguen su sensualidad.

Pero a los hombres y mujeres de este signo les gusta tomar la iniciativa: ellos piensan que son el centro del universo y, por lo tanto, lo único importante es su decisión. Los demás tendrán que esperar lo que ellos decidan. Sólo se mostrarán vulnerables si es parte de la actividad lúdica, porque a estos nativos les gusta dirigir todo, desde una orquesta hasta la relación sexual.

El secreto erótico de Leo

Leo puede ser muy exhibicionista en el plano erótico y necesita seducir a varias personas para sentirse deseado. Aunque es una persona muy sexual, evita las situaciones que puedan perjudicar su autoestima. Su gran necesidad erótica lo lleva a parecer insatisfecho, pero es una forma de controlar a su pareja.

Las palabras secretas para conocer sus debilidades son: Personalidad poderosamente erótica y atractiva, seguro de sí mismo en el plano afectivo y sexual. Actúa más por impulso que por lo que siente, en el plano sexual puede llegar a teatralizar demasiado su potencia erótica.

Cómo besa Leo

Los leoninos piensan que la sexualidad es algo natural. Por eso no harán nada programado de antemano, salvo que el otro le provoque ternura y dulzura.

En ese caso, sus besos tendrán la intensidad de un león cuando abre la boca para devorar a su presa. Las leoninas son un poco más románticas y cuando aman son capaces de besar sin dar descanso a su amante.

Pero los leoninos cuando buscan una relación casual, no se detienen en besar demasiado, irán derecho a tocar la zona que más le atraiga o excite. Besar es un tema secundario, si ellos no aman de verdad.

LEO EN PAREJA

La pareja ideal de Leo

Jamás trates de dar el primer paso con un leonino. A este signo sólo le excita que lo miren, que le festejen sus comentarios o que lo halaguen enfrente de los demás. Pero a Leo le gusta tomar la iniciativa en cualquier relación. Ellos se sienten el centro del universo y, por lo tanto, lo único importante son sus decisiones.

Les gusta que su compañero sea afectivo y demostrativo pero hasta que ellos también lo decidan, porque si se cansan de tus caricias son capaces de dejarte en medio de la cama solo sin dar muchas explicaciones al respecto.

Recetas para enamorar a Leo

Enamorar a un hombre de Leo es un poco difícil, porque ellos son muy exigentes. Darle mucha importancia a su persona es el mejor de los componentes para esta receta.

Preparar una especie de fiesta privada para homenajearlo, con un ambiente romántico y si es posible con fotos de él decoradas con flores, le encantará. Si no eres muy celosa y te animas a contratar a una pareja que les en enseñe a bailar tanto a ti como a él, sería lo ideal.

También puedes improvisar una danza, con una música tipo caribeña como salsa o merengue, vestida con ropa ligera y muy sexy. Todo esto, lo sorprenderás tanto que estará loco de contento.

Dietas del amor para las leoninas

Una dieta belicosa para esta felina es entrar de sorpresa a su casa, con varios ramos de flores de todos los colores. Una receta extremadamente sensual y efectiva es, cuando ya intimaste con ella, comenzar dándole caricias de la cintura para abajo, con la devoción que se tienen por una diosa.

Para que el plato de dulzura penetre por los ojos de la leonina, prepárale un ambiente con poca luz, una cama bien mullidita y, si es posible, con sábanas de seda de color cálido y una música muy suave.

Si, además, le brindas por lo menos dos horas de placer dando lo mejor de ti, después de esta velada, la leonina se entregará a ti para siempre.

La atracción fatal de Leo

• Poseen confianza para ser atractivos y decididos con las personas que desean conquistar.

• Son admirados por los demás.

• Seductores permanentes y no se detienen hasta ser los primeros.

• Su temperamento afectuoso y cariñoso le permite provocar excitación y situaciones sensuales en todo tiempo y espacio.

• Genera pasiones de combustión rápida e intensa en los demás.

Por qué le teme Leo al compromiso

Los leoninos creen que la palabra temor no aparece en su vocabulario. Leo es orgulloso y agresivo, y esa es una excusa siempre que se comporta en forma negativa con el ser que ama.

Pero bajo ese aire de grandeza, se esconde un niño con mucho temor al rechazo y al abandono por parte de la persona que aman. Por eso, de una manera errada prueban a sus enamorados hasta los límites del cansancio y, a veces, incluyen la infidelidad.

La zona oscura del amor para Leo

Eres muy consciente de tu persona, especialmente de tu lado oscuro. Por eso conoces muy bien tu tendencia autoritaria y dominante con los demás. Puedes llegar a ser muy destructivo con los seres que amas. Tus palabras o tus acciones pueden generar, en el otro, estados de insuficiencia y confusión.

En el caso de que tu pareja o amante no posea la autoestima necesaria, puede no reponerse de tus ataques, esos que tienes sin motivos lógicos. También tu tendencia a la infidelidad, por tu excesiva necesidad de aprecio, no tiene límites.

Cómo anticiparte a la reacción de tu pareja Leo

Tendrás que saber de antemano que su reacción, acción y pensamiento provienen de un carácter vital, franco, noble y cálido. Para pensar es audaz, líder y creativo. Siempre piensa en grande y sus acciones son claras, abiertas, ostentosas y algo arrogantes.

Lo que más admira Leo de su pareja

- Que tengas una admiración esencialmente hacia su persona.
- Que estés atento a sus gustos y a sus necesidades.
- Que lo llames en forma servicial más de una vez por día para saber si necesita algo.
- Que seas demostrativo y pasional.
- Que sepas guardar silencio a hora que se vean sus mayores defectos.
- Que no le preguntes más de una vez algo que no desea contestar.
- Que seas protector, pero no un guardabosque.
- Que no mientas.

¿Por qué es infiel Leo?

Cuando Leo no se siente deseado sexualmente por su pareja, puede llegar a ser muy destructivo con sus palabras o acciones. En esas acciones incluye la infidelidad. Tratará por cualquier medio que su pareja se entere de sus actos, porque no perdona el hecho de no haber sido reconocido o amado como él lo pretendía.

La tendencia a la infidelidad de este signo es por su excesiva necesidad de aprecio que, a veces, no tiene límites. Será muy difícil lograr que un leonino sea fiel. Su pareja tendrá un arduo trabajo, porque el rey o la reina de la selva sólo son fieles a ellos mismos.

Cómo conquistar al hombre de Leo

¿Será un gatito mimoso . . . ?

Jamás demostrará timidez o introspección. Tal vez encuentres algunos leones que mantengan atenuado al Sol que les rige y se muestren silenciosamente fuertes, dignos y decididos, pero no te dejes engañar por la suavidad de sus ronroneos. Incluso los leoninos más suaves están, en su fuero íntimo, convencidos de su regio derecho a dominarte detrás del telón, en espera del momento adecuado.

Si todavía dudas, busca uno tranquilo, de esos que se hacen los introvertidos, pero que estará siempre presto para atacar con su orgullo por sorpresa.

Cómo conquistar a la mujer Leo

¿Cómo seducir a una leona . . . ?

No necesitarás tenderle muchas trampas para inducirla a románticas osadías. La leonina está dotada de un potencial de pasión instantánea. Con tener la oportunidad y esperarla con unas velas encendidas y una música suave, el amor florecerá.

Es probable que te sientas muy agradecido por tener una mujer de este estilo a tu lado. Piénsalo de nuevo; un romance con una leonina no está del todo libre de complicaciones. Podrías aprender de sus ex novios, que después de tratarlos con mucho cariño, fueron echados a empujones de su mundo, porque quisieron imponer o insinuarle algo.

LEO EN SOCIEDAD

¿Qué perfil muestra a los demás?

Se muestra como una persona vital que se manifiesta de forma intensa e impetuosa. Su participación en la vida no acepta mediocridades o posturas a medias, y por esto da y exige todo a los demás y así mismo. Tendencia a teatralizar o al drama para atraer la atención sobre sí mismo.

Cómo reconocer a Leo en la multitud

La habilidad de Leo es llamar la atención siempre, ya sea con su vestimenta, con sus comentarios inteligentes, chistosos o fuera de lugar, con sus opiniones muy contundentes y hasta soberbias especialmente de sí mismo. Pero, básicamente, el leonino es una persona entusiasta, positiva, muy encantadora, aunque por momentos molesta por exageración. Los leoninos se caracterizan por estar siempre hablando de sus nuevos proyectos y de querer parecer mejor que los demás. Si ves una persona que te está empalagando con sus propios logros, allí encontrarás un nativo de este signo.

Cómo funciona la energía de Leo

La fuerza de este signo es conocerse y valorarse a sí mismo. Procesa su persona hasta alcanzar su máxima concentración de energía y entusiasmo.

Tiene una extraordinaria vitalidad, es fuerte y optimista, alcanza un grado tan alto que refleja las radiaciones sobre el mundo circundante.

Es sumamente independiente, no necesita del medio ambiente, pero lo ama, porque puede comunicarle la alegría de vivir. "Vivir y dejar vivir" es su lema.

Cómo se libera Leo

Cuando deseas ser libre, tu lado oculto aparece en forma luminosa y tu aspecto romántico se vuelve fogoso.

Te atraen las sorpresas y por ello tiendes a experimentar muchos romances extraños, casi sin discriminar con quién. Experimentas enamoramientos súbitos e intensos, pero éstos pueden desvanecerse con la misma rapidez con la que aparecieron.

Posees una tendencia permanente a mandar y a no obedecer a nadie. Tiendes en general a confundir la libertad con hacer lo que deseas y caes en el autoritarismo.

Los lugares por donde elige pasear

Para que los leoninos se encuentren felices tienen que proyectar salidas que posean las siguientes características:

- A los leoninos les fascina el arte desde el teatro, cine, espectáculos al aire libre, recitales de música de su banda preferida o ir a museos.
- Pero, especialmente, se debe buscar un lugar donde éste se sienta tan cómodo que pueda ser el centro de la salida.

Los mejores regalos para él

Lo más importante para este signo no es regalarle grandes cosas sino que nunca te olvides de su cumpleaños, porque es capaz de no perdonarte jamás.

Con una tarjeta postal puede conformarse, pero lo importante para un leonino es que sienta que no te has olvidado de él en ninguna circunstancia.

Un regalo fascinante es un saco o campera que pueda usar y decir: este es un obsequio de mi novia o mujer. También le apasionan los llaveros de lujo o las pulseras de oro, para sentir que alguien le pertenece.

Los mejores regalos para ella

A las mujeres de este signo les gusta lo diferente, renovar su vestuario. Si le compras todo tipo de ropa o accesorios le fascinará. Antes de que ambos hayan logrado conocerse, sería conveniente que le regales flores.

Con todos los regalos extravagantes que se te ocurran estará feliz. Si no le ofreces algún presente, te mostrará una lista de regalos que le hicieron sus ex novios o te bombardeará con obsequios que a ella le gustan, esto te hará sentir muy egoísta. Nunca te olvides de su cumpleaños, porque es capaz de no perdonarte.

La amistad para Leo

Para los leoninos, la amistad es muy importante, especialmente si puede ser el líder de sus amigos. Pero, si no cambia este pensamiento, pueden quedarse rápidamente sin amigos, en vez de adquirirlos. Leo debe aprender a construir la base de una relación amistosa armoniosa, evitando su impulso de querer atrapar toda la atención de sus amigos e intentando escuchar al otro para saber qué necesita.

Cómo es el hogar de Leo

El entorno de los Leo refleja su yo interior. No se contentan con vivir en una casa amueblada por otro, tienden a elegir el decorado y los muebles, preocupados por crear un ambiente muy personal. Algunos leoninos se dejan llevar por este tipo de proyectos y llegan a gastar mucho dinero en ellos.

El día afortunado para Leo

Domingo: del latín *dominicus dies*, día del Señor. Para los cristianos es tradicionalmente el séptimo día de la semana, aunque en realidad es el primero porque se consagra una nueva semana a Jesucristo que resucitó después del "sabbath".

También se atribuye este día al Sol (en inglés, Sunday) que es el astro que rige a Leo. Apolo, el dios Sol, representa "lo que verdaderamente existe" y lo que siempre se mantiene estable.

¿Qué carta del tarot le corresponde a Leo?

Cada carta de tarot representa un arquetipo energético interno y tiene su correspondencia con tu signo del zodíaco, determinando características de tu personalidad.

Los nativos de Leo están representados por la Carta XI: La Fuerza.

Cualidades: Valor ante la adversidad. Constancia. Convicciones firmes y con corazón. Energía. Determinación. Capacidad para asumir el desafío en todos los planos de la vida. Confianza. Logros en las relaciones. Conquista. Triunfo del amor sobre los instintos destructivos.

Leo y el dinero

Los leoninos, en general, son muy generosos con el dinero. Para ellos el dinero es un instrumento de poder. Por eso, prefieren gastarlo en otras personas o en algo que les interese conseguir.

Si tienen que invertir más de lo que ganan para demostrar algo que se han propuesto, lo harán. Si tienen que refaccionar su casa para conquistar a una mujer ambiciosa, la arreglarán.

Siempre que haya un objetivo de poder utilizarán el dinero como medio para sus fines.

Leo y las mentiras

Los leoninos se jactan de que no les gusta mentir, pero esa es justamente una mentira. Ellos cuando tienen que exagerar algo, son los primeros en hacerlo.

Por ejemplo, para poner celoso a su pareja o para llamar la atención de las personas que aman, son capaces de ocultar y mentir. Las mujeres leoninas son más sinceras pero, si tienen que defender a su hijo, son capaces de mentir y sin vacilar.

Capítulo 6

VIRGO: La productividad

ATRACCIÓN

Cómo seducen los virginianos

A los virginianos les cuesta cambiar algunos de los aspectos de su personalidad y es por eso que a veces esto provoca el distanciamiento de la persona que están tratando de conquistar.

El problema de Virgo es que ejerce tanto la crítica, como la autoexigencia, y a menudo piensan que nunca serán capaces de conquistar.

Con respecto al amor, puede ser tan seductor como los nativos de cualquier otro signo, si deja de preocuparse por lo que pensará la gente si se deja suelto el cabello.

Virgo es el "signo del servicio" y ya es hora de que "se sirva a sí mismo" un poco más. Parece como si hubiera venido al mundo para sentirse responsable de todo lo que sucede. Su elemento de seducción típico es su sentido del humor maravillosamente ingenioso y elegante, aunque a veces se muestre demasiado frío y contenido.

Aun así, bajo esa apariencia fría puede encontrarse un corazón apasionado y ardiente. Sólo hace falta la persona adecuada para encender el fuego virginiano.

Es increíblemente selectivo y eso no tiene por qué ser malo. Lo que ocurre es que a veces llevan las cosas demasiado lejos. No le servirá mostrarse fríos como un témpano simplemente porque temen demostrar lo que sienten.

Aunque lo disimulen, a los de Virgo les encanta que lo alaben tanto o más que a un leonino. Si has conocido a un virginiano o virginiana, ¿cómo esperas que se dé cuenta de que adoptas una actitud de conquista o seducción? Ella o él esperan pacientemente, hasta estar bien seguro/a. Nunca tomarán la delantera aunque se mueran de amor por ti.

Virgo es quizás el signo más disciplinado del zodíaco, pero no puede serlo totalmente cuando está practicando el arte de seducción. Porque en sí mismo es tan directo que no sabe hacer ni una caída de ojos correcta o fingida.

CONQUISTA

El hombre

El virginiano nació con un instintivo de amor por el trabajo, el deber y la disciplina. Es muy probable que se incline naturalmente a ayudar a los desamparados. Hasta los representantes menos evolucionados del signo, los que no llegan a semejantes alturas, se sienten un poco culpables por no estar viviendo, de algún modo, en función de un ideal de abnegación.

La forma de amor que se traduce en emociones dramáticas, promesas sentimentales, llorosas declaraciones y afecto dulzón no solamente deja fríos a los hombres Virgo: puede asustarles hasta el punto de hacerles correr para alcanzar el primer tren o autobús que salga de la ciudad.

Pero, aunque parezcan estar hecho de una combinación de hielo y acero, es capaz de derretirse si la temperatura es la exactamente adecuada.

Hay caminos muy precisos para llegar al corazón de Virgo. Son caminos secretos y la persecución agresiva no es el camino adecuado para llegar a ellos. Tampoco la coquetería y la sexualidad, como lo han comprobado con sorpresa y desilusión unas cuantas vampiresas y más de una insinuante sirena.

A la hora del amor, Virgo busca calidad y no cantidad. Y como la calidad es una distinción muy alta en cualquier categoría, tienen muy pocos episodios amorosos auténticos y los pocos que tienen están, con frecuencia, destinados a ser de alguna manera tristes o desdichados.

La reacción de Virgo ante una decepción de este tipo es, normalmente, sumergirse en el trabajo más difícil que encuentre, apartarse de la sociedad en general y, en la ocasión siguiente, tener aún más cuidado.

Tendrás que valerte de una estrategia y una paciencia considerables. Si el destino decreta "vivir solo", Virgo está dispuesto a aceptarlo sin demasiadas nostalgias ni traumas emocionales. De modo que por el mundo hay muchísimos Virgo solteros, aunque a su manera sean capaces de tener muy poéticos, aunque frágiles, contactos amorosos.

Sin ponerse nunca en evidencia, puede ser un maestro en el arte de la seducción sutil.

El hombre Virgo es una mezcla de intelecto y solidez terrestre. Puede ser lo bastante distante y desapegado para destrozar corazones con su forma tranquila de flirtear, pero es raro que su tendencia crítico-analítica y su escrupulosa discriminación les permitan que sus paseos amorosos se salgan del campo platónico. Algo tiene que arder al rojo vivo para producir verdadera pasión en el corazón de Virgo.

Modesto y selectivo, no caerá en una promiscuidad indeseable, y aunque pueda acceder a algún contacto terrenal y físico, tales indiscreciones son la excepción y no la regla. La regla es un interés, pero siempre con un aire distante. Fingirá que no está interesado con tanta habilidad.

Un hombre Virgo es invariablemente bondadoso y considerado con todas las pequeñas cosas que tanta importancia tienen para las mujeres. Tiene una memoria clara como un cristal y probablemente no se olvidará de vuestras fechas especiales, aunque tal vez no las entienda.

La mujer

Si uno se imagina a la mujer Virgo como una doncella dulce y virginal, pura como la nieve recién caída, las ilusiones pronto se te harán pedazos. Lamento estropearte la imagen.

Una mujer Virgo es capaz de dejar a su marido por un hombre a quien conoció en algún océano remoto, de tener un hijo de su amante sin preocuparse del matrimonio y de enfrentar con la cabeza bien alta a un mundo hostil.

Es verdad que básicamente es tímida. Porque una mujer Virgo es una mujer con todas las armas y astucias necesarias, incluso con una férrea determinación de perseguir la felicidad sin importarle a dónde la lleve el camino.

Es capaz de escalar las montañas más altas y atravesar el mar agitado. Una Virgo que considere imperfecto su matrimonio y encuentre un amor sin mácula (o crea haberlo encontrado, lo mismo da), no vacilará en cortar los antiguos vínculos.

Una vez que haya aceptado un amor como ideal y verdadero, la pureza de la idea que ella tiene de la relación tiene primacía absoluta sobre todo papel legal. En realidad, es un predecible ejemplo de cómo Virgo puede mostrarse fiel a su genio cuando se ve ante una decisión difícil. En una situación así, se angustiará al extremo ante la reprobación social, pero la angustia no alterará su conducta, como no alterará tampoco la pureza de su motivación.

Sin embargo, para encender el amor de una virginiana puede hacer falta cierto tiempo.

Admito que los aspectos físicos y ardientes del amor pueden estar un tanto suavizados en las mujeres típicas de Virgo, pero hay en ellas una misteriosa y serena cualidad de espera.

Es una perfeccionista, pero eso no significa que sea perfecta. Tiene sus rasgos negativos, que pueden ser bien fastidiosos.

Para empezar, las mujeres Virgo están tercamente convencidas de que nadie puede hacer las cosas con tanto orden y eficiencia como ellas. También son insoportables con la puntualidad. ¿Alguna vez has hecho esperar a una mujer Virgo en una cita? Cuando se sienta molesta o irritable, no te hará una escena ni te tirará botellas a la cabeza, pero puede ponerse arisca y quisquillosa si la haces enojar.

También puede ser que te ataque directamente. Alguna vez es posible que una mujer Virgo llegue a parecerse a una arpía, pero en general no llegan tan lejos. Llévale flores, admite que te comportaste mal y no se si va perdonarte, pero por lo menos le van a gustar.

LA CONVIVENCIA CON LOS VIRGINIANOS

Para que Virgo se quede a tu lado nunca debes:
- No hacerlo sentir útil.
- Llegar tarde a una cita.
- No valorar su trabajo.
- No tomar el amor como algo serio.
- No escuchar sus necesidades.
- Exigirles más de lo que ellos mismos se exigen.
- No ser ordenado con las cosas de la casa.
- No respetar sus consejos.
- No ser demasiado sensible.
- No hablar con lógica.

VIRGO Y EL SEXO

Posición en el Kamasutra

Virgo es una persona racional y le encanta estar involucrada en situaciones complejas, esto lo refleja en el plano erótico y por eso la posición recomendada para este signo es: El tornillo

Ella se acuesta en el borde de la cama y tiende sus piernas flexionadas a los costados del cuerpo. Esto permite que el hombre pueda tocar los órganos femeninos y que ella goce. La mujer puede contraer y relajar toda la zona erógena, mientras él la penetra arrodillado tocando y acariciando todo su cuerpo.

¿Cómo disfruta Virgo?

Virgo tiene un gran sentido del humor, disfruta de una pareja que cuente anécdotas o haga bromas que expresen su inteligencia. Además, a los hombres de este signo les encanta que su pareja les proponga acertijos, una mezcla de adivinanzas y misterio, para que el hombre virginiano con su mente laberíntica pueda imaginar diferentes propuestas todo el tiempo. También les encanta las personas curiosas o interesadas en su trabajo.

La mente de una mujer de Virgo es brillante, pero tiene una gran desventaja: la timidez. En su mente pueden habitar algunos pensamientos negativos o complejos acerca de sus condiciones físicas o intelectuales que la inhiben aunque no sean reales. La mujer de Virgo no manifiesta su agresividad ni sus exigencias con facilidad. Puede mostrar cierta dificultad para abrirse paso al placer. Por eso, la clave para conocer a fondo los mecanismos que le provocan placer es darle mucha seguridad afectiva y personal para que ella pueda entregarse, sentir confianza y hasta llegar a disfrutar de sí misma.

¿Qué es lo que más excita a Virgo?

Virgo te sorprenderá al descubrir que es un compañero capaz de disfrutar intensamente la sexualidad, pero a Virgo le encanta esperar que la fruta madure. Por lo tanto, debes ser como un pescador de perlas en medio del mar. Debes tener paciencia y chequear sus tiempos. Además, descubrir en cada paso qué le gusta y qué lo inhibe para no invadir su intimidad personal. Una vez que logres conquistarlo, podrás obtener la mejor emoción y pasión de un nativo de este signo, y te darás cuenta que, en realidad, ellos saben más de lo que te excita a ti, de lo que tú imaginabas.

El ritmo sexual

Los virginianos, cuando recién comienzan a experimentar la necesidad del sexo, sienten mucha vergüenza y timidez. El ritmo estimulante erótico es una lección que aprenden en el acto sexual con su pareja. Pero, a su vez, debe ensayar solo y estimular su propio ritmo. Como está muy atento a las necesidades del otro, se adecua en forma muy rápida a lo que su pareja solicita.

Masajes eróticos

Los virginianos son personas muy especiales, ellos disfrutan más del sexo cuando pueden atender al otro y dejarlo satisfecho. Es decir, a Virgo le excita más que su pareja lo desee por ser servicial y útil. Pero si logras que un virginiano se deje acariciar, tendrás que realizar un masaje casi profesional. Coloca tus manos en su tórax, deslízalas a lo largo de las costillas extendiéndolas de adentro hacia fuera y ejerce una presión muy suave. Después, pon tu mano derecha sobre su lado izquierdo y súbela en diagonal hacia el hombro opuesto. Repite esto con la mano izquierda. Si lo haces al pie de la letra, este nativo te amará eternamente.

Para tener buen sexo debes . . .

Tener la paciencia y esperar la respuesta sexual que este Virgo te sorprenderá al descubrir, después de un tiempo. Es un compañero capaz de disfrutar intensamente la sexualidad. Además tiene la virtud de no cansarse jamás, porque es tan servicial que espera que el otro se encuentre pleno y satisfecho. Lo que difícilmente se pueda obtener de un virginiano (o de una virginiana) es que mezcle la emoción con el placer. Porque él necesita pensar hasta la última emoción.

Lo que no perdona en una relación

Virgo es un signo en general muy lógico y aparentemente comprensivo. Pero no perdonará, por demasiado tiempo que esté en pareja, que sea desordenado, impuntual o perezoso porque terminará odiándola. El desprecio comenzará de a poco hasta sentir un rechazo absoluto. Otro tema que no perdona Virgo es que teniendo la oportunidad de ayudarte, tú no se lo permitas y luego te suceda algo que él podía haber evitado de alguna manera.

Cómo lograr el éxtasis sexual con Virgo

Virgo te sorprenderá cuando descubras que es un compañero capaz de disfrutar intensamente de la sexualidad. A estos nativos les encanta esperar que la fruta madure, por eso no debes apresurarte para hacer un ritual mágico o los espantarás. Debes ser como un pescador, tener paciencia y chequear sus tiempos. Una vez que logres conquistarlo podrás obtener la mejor emoción y pasión, y te darás cuenta de que en realidad, ellos saben lo que te gusta a ti más de lo que imaginabas.

El secreto erótico de Virgo

Este signo busca la perfección de su identidad a través de lo sexual. Le cuesta mucho tolerar imperfecciones. Virgo le da gran importancia al aspecto físico de las personas que desea, a la vestimenta y al aseo personal. Necesita observar esas cualidades para excitarse. Las palabras secretas para conocer sus debilidades son: Idealista en las relaciones, astuto, las desilusiones sexuales le generan hedonismo o narcisismo, impulso sexual afectado por la apariencia física.

Cómo besa Virgo

Los tímidos virginianos para llegar a besar se tomarán un tiempo. Le temen demasiado al rechazo por ser el que inicia una relación. Por eso, si te gusta un hombre de virgo, tendrás que besarlo primero. En cambio las virginianas no pierden tanto tiempo cuando alguien les interesa. En general ambos sexos son ansiosos y no se especializan en besar. Como siempre analizan y miden cada acción, prefieren ver los resultados, por eso se relajarán después de hacer el amor, para comprobar si fueron aceptados por el otro. Luego te darán besos un poco más apasionados, pero prefieren hacerlo recorriendo todo el cuerpo.

VIRGO EN PAREJA

La pareja ideal de Virgo

Virgo te sorprenderá cuando descubras que es un compañero capaz de disfrutar intensamente la sexualidad. Pero a este signo le encanta esperar que la fruta madure. Por ello, debes respetar sus tiempos y descubrir en cada paso qué le gusta y qué lo inhibe, para no invadir su intimidad personal. Una vez que logres conquistarlo podrás obtener la mejor emoción y pasión de un nativo de este signo y te darás cuenta que, en realidad, ellos saben más de lo que te imaginabas de todo lo que te excita.

Recetas para enamorar a Virgo

Receta elaborada es la que tendrás que realizar con este personaje, laberíntico en su forma mental de pensar y más cuando el tema se refiere a los sentimientos. Al él conmueve la dosis de ternura e inteligencia en una mujer. También, tendrás que vestirte con ropa sexy y ponerte un delantal para servirle el desayuno, pero no en la cama porque es muy quisquilloso y ordenado.

Dietas del amor para las virginianas

La receta más elaborada es la que tendrás que realizar con este personaje, tan laberíntico en su forma mental de pensar y más cuando el
tema se refiere a los sentimientos. Al él conmueve la dosis de ternura e
inteligencia en una mujer. También, tendrás que vestirte con ropa muy
sexy y ponerte un delantal para servirle el desayuno, pero no en la
cama porque es muy quisquilloso y ordenado.

La atracción fatal de Virgo

- Su temperamento detallista y racionalista permite hacer sentir
  bien a la persona que desean atraer.
- La capacidad de crear en el otro la necesidad de su presencia,
  hasta convertir a los demás en adictos fatales de ellos.
- Su carácter inquieto y buen humor realizan milagros en los momentos en que los demás necesitan un poco de alegría para cambiar los
  estados negativos.

Por qué le teme Virgo al compromiso

Virgo es increíblemente selectivo a la hora de elegir una pareja estable,
tanto que puede pasarse toda su vida soltero/ra. Por eso, el gran temor
que tiene, dentro de su perfeccionamiento y disciplina, es a equivo-
carse. Ellos pretenden medir los sentimientos como lo hacen en todos
los ámbitos de su vida. Pero los sentimientos y las personas son imprevisibles por lo tanto, todo cambia permanentemente. Quizás, el problema de Virgo es que no acepta dichas diferencias porque no puede
controlarlas o medirlas.

La zona oscura del amor para Virgo

Virgo, eres una persona tan perfeccionista que pretendes que los demás
sean una especie de computadora que nunca se equivoca. Tu necesidad de controlar hasta el último detalle te conduce, a veces, a un estado
de irrealidad, porque ninguna relación puede ser color de rosa.

Aunque pintes toda tu casa y la limpies mil veces, siempre se volverá a ensuciar. No puedes pretender que no existan diferencias en los vínculos, ni malos entendidos entre las personas. Tienes que aprender a ser más permisivo y flexible.

Cómo anticiparte a la reacción de tu pareja Virgo

Tendrás que saber de antemano que su reacción, acción y pensamiento provienen de un carácter discreto, humano, servicial, amable y reservado. Para pensar es preciso, analítico, organizado y con sentido común. Sus conductas están planificadas de antemano porque son seres detallistas, laboriosos y muy prácticos.

Lo que más admira Virgo de su pareja

- Que seas muy inteligente y rápido en las respuestas que él plantea.
- Que tengas mucho sentido del humor para alegrar los momentos donde se siente vacío.
- Que le permitas que te ayude o pueda serte útil en alguna tarea que conozca mejor que tú y necesite demostrarlo.
- Que tengas una independencia económica o tu propio proyecto de trabajo.
- Que le permitas tiempos de soledad cuando lo necesite.
- Que seas curioso o muestres interés en todo lo que hace, aunque realmente no sea así.

¿Por qué es infiel Virgo?

La necesidad de controlar y conocer hasta el último detalle de todo lo que suceda en la relación con el otro, a veces, lleva a los virginianos a un estado de irrealidad, porque, además, pretenden que la relación con su pareja sea color de rosa. No soportan que existan diferencias en los vínculos, ni malos entendidos entre las personas. Cuando no pueden lograr ese objetivo, trabajarán igual que una abeja con la miel y si no logran tener esa armonía con su pareja, no dará el primer paso para separarse. Buscará una amistad o un amante para consolarse de los problemas que tiene, sólo así será infiel.

Cómo conquistar al hombre de Virgo

¿Podrás entrar en la mente de este hombre . . . ?

El representante de este signo es una mezcla de intelecto y solidez terrestre. Puede ser lo bastante distante y desapegado, como para destrozar corazones con su forma tranquila de flirtear, pero es raro que su tendencia crítica, analítica y su escrupulosa discriminación, le permita demostrar demasiada pasión.

Fingirá no estar interesado, hasta puede ser que creas que nunca se ha fijado en ti. Para conquistarlo deberás utilizar el humor y un toque de osadía en tu seducción.

Cómo conquistar a la mujer Virgo

¿Crees que esta mujer es una doncella celestial . . . ?

Si uno se imagina a la mujer Virgo como una doncella dulce y virginal, pura como la nieve recién caída del paraíso, se harán pedazos tus ilusiones. Una mujer Virgo es capaz de dejar a su marido por un hombre a quien conoció en algún océano remoto, de tener un hijo de su amante sin preocuparse del matrimonio y de enfrentar con la cabeza bien alta a un mundo hostil.

Es básicamente tímida, pero es una mujer con todas las armas y astucias necesarias, incluso con una alta determinación de perseguir la felicidad sin importarle a dónde la lleve el camino.

VIRGO EN SOCIEDAD

¿Qué perfil muestra a los demás?

Se muestra como una persona basada en la inteligencia, la crítica y la disciplina. Sus deseos de servicio atraen la atención de los demás sobre su persona. Necesidad de orden y regularidad para expresar nítidamente su naturaleza personal. Buena aptitud para la concentración en el detalle y la investigación en general. La higiene y la limpieza acompañan en todo momento sus actuaciones.

Cómo reconocer a Virgo en la multitud

Cuando observes una persona servicial, atenta a ofrecerte una clara y detallada visión de lo que sucede y muy prolija, estás ante la presencia de una persona de Virgo. Este signo, también se caracteriza por sus comentarios mezclados con humor y capacidad de discernimiento, que le lleva a captar hasta los más mínimos detalles de las cosas. Es una persona inteligente y despierta, apta para transmitir y comunicar el saber, debido a su desarrollado sentido de la crítica. En general, todo lo analiza exageradamente, por eso a veces parece que se toma todo de forma personal. Pero, también, es una persona muy objetiva para dar un sentido de la realidad como pocas pueden hacerlo, sin engañar y de una manera muy educada.

Cómo funciona la energía de Virgo

Su energía es curativa por naturaleza. Conoce los secretos inconscientes, los poderes ocultos de la tierra. La mayoría de los mejores médicos nacieron bajo este signo zodiacal. Cuentan con un ojo perspicaz y tienen gran capacidad para recordar el significado de los diferentes signos y sus síntomas. Estos dones le dan un olfato especial para la medicina ortodoxa, al igual que para la homeopatía y el conocimiento de las hierbas. Tiene la capacidad de ordenar y discriminar las cosas de una manera maravillosa.

Cómo se libera Virgo

La libertad, como casi todos los valores o principios, siempre la proyectas al lugar donde te encuentras más a gusto. En general ese sitio es tu trabajo. Necesitas trabajar donde puedas sentirte libre y con la posibilidad de organizar tu propio tiempo.

Tienes mucha capacidad para las ciencias y todo lo que implique la abstracción de la mente. Debes aprender a controlar tu impaciencia o, de lo contrario, tendrás muchos cambios de trabajo. Esto también podría afectar tu salud, provocando dolencias de origen psicológico.

Los lugares por donde elige pasear

Para que los virginianos se encuentren felices tienen que programar salidas que posean las siguientes características:
- Los virginianos se divierten perfeccionando todo lo relativo a su trabajo, por ejemplo, si se dedican a la computación, lo ideal es llevarlo a una exposición sobre ese tema, donde pueda aprender algo que le sea útil.
- También, servirle una buena comida sorpresa es seguramente bienvenida por estos nativos.

Los mejores regalos para él

El problema de Virgo es que ejerce tanto la crítica como la autoexigencia, así que es muy difícil regalarle algo que no sea después motivo de una broma irónica. Lo mejor es obsequiarle todo lo que tenga que ver con su trabajo. Desde lapiceros a libros, vinculados con sus quehaceres profesionales o laborales, serán objetos de adoración. Un reloj puede ser un buen regalo para este hombre sumamente elegante y detallista. También todo lo que fomente su típico y extraño sentido del humor. Por eso, algún mensaje electrónico o postales ingeniosas serán un perfecto, humilde, pero divertido regalo para un caballero virginiano.

Los mejores regalos para ella

Este signo nació con un instintivo amor por el trabajo, el deber y la disciplina, y las mujeres de este signo no son la excepción. Todo lo referido a su profesión será el regalo que más aprecie, desde una lapicera de oro a una computadora de lujo. La virginiana es muy detallista, debes pensar que siempre buscará calidad y no la cantidad. Es difícil dejarla satisfecha. La reacción de esta mujer ante un regalo, será ruborizarse, pero en lo profundo de su interior cree que se lo merece profundamente, y aunque no lo acepten concientemente, le interesan los objetos materiales.

La amistad para Virgo

Virgo es el amigo ideal cuando necesitas de su ayuda, porque sabe cómo asistir a los demás. Pero, es difícil ser amigo de un virginiano porque no entrega o no manifiesta sus verdaderos sentimientos. Además, porque no permite que lo ayuden o que invadan su vida afectiva. Por eso, en general, no tienen muchos amigos. Aunque son personas que nunca molestarán a nadie ni tendrán malas intenciones para sacar provecho de los demás.

Cómo es el hogar de Virgo

El hogar juega un papel muy importante en la existencia de los virginianos, quines son bien conocidos por su obsesión por el orden, aunque esto no siempre se refleje en sus hogares. También suelen ser absolutamente meticulosos en todo lo que hacen, tanto si se trata de poner cortinas, como de construir un armario o planificar los tiempos y hasta de los deberes escolares de los niños.

El día afortunado para Virgo

Miércoles: del latín *mercuridies*, día de Mercurio. Era el dios del Comercio y el de los Viajeros, por ese motivo sus templos se edificaban a la entrada de los pueblos. Mercurio realiza los encargos y mensajes de los demás miembros del Olimpo, dando recados y realizando negociaciones públicas, secretas, serias o frívolas. Virgo está regido por el planeta Mercurio ...

¿Qué carta del tarot le corresponde a Virgo?

Cada carta de tarot representa un arquetipo energético interno y tiene su correspondencia con tu signo del zodíaco, determinando características de tu personalidad.

Los nativos de Virgo están representados por la Carta IX: El Ermitaño.

Cualidades: Inteligencia intuitiva; conocimiento; planificación con conciencia de sacrificio personal; fuerza de voluntad; fuerza espiritual; originalidad. Capacidad creativa en las circunstancias de urgencia o sufrimiento.

Virgo y el dinero

Este signo no vive del dinero como una parte de su ambición sino como una tranquilidad para su futuro. Los virginianos siempre están muy obsesionados con alguna enfermedad o temas relativos al cuidado de su salud y de sus seres queridos. De esta manera, guardan el dinero para estar preparados a los imprevistos. Salvo que Virgo destine todas sus ganancias al ahorro para luego invertirlo en algo urgente, a la hora de prestar dinero, no tiene problema en darlo con bastante naturalidad.

Virgo y las mentiras

Virgo es un signo aparentemente muy serio y si tienen que mentir lo hacen con la conciencia no del todo tranquila. En general, los virginianos tienen cierto sentido de crítica y de humor. Entonces, a la hora de mentir, van a tratar de que sea por algo divertido como, por ejemplo, para darle una sorpresa a un amigo o a la persona que aman. Son muy meticulosos para mentir. Así que es imposible descubrirle una mentira. Ellos harán todo lo necesario para que nadie se de cuenta.

Capítulo 7

LIBRA: La meditación

ATRACCIÓN

Cómo seducen los librianos

Los librianos, ya sean varón o mujer, son personas con una mitad tranquila, perfectamente equilibrada, dulce, graciosa y encantadora todo el tiempo. La otra mitad los muestra como seres inquietos, deprimidos, confusos y hasta polémicos.

Es parte de la injusticia de los librianos que estén dotados de tanto encanto, tacto y diplomacia. Y como son indecisos en casi todo, no les importa tener que esperar, ya que eso les da la oportunidad de tomarse tiempo para saber si su elección es buena.

La persona conquistada por un libriano siente dificultades para dar a conocer lo mejor de sí mismo y aparenta como que nunca se entregan del todo al otro, cosa que crea desconfianza en la pareja.

Y es esa misma indecisión (si prevalece en su carácter) la que puede molestar a su pretendiente aún antes de que tengan relaciones. Así que quizá le convendría decidir sobre lo que desea de la vida con más rapidez.

Libra en su deseo de agradar, a veces atrae a la gente equivocada. Le gusta la compañía y en algunas ocasiones es demasiado bueno y generoso con los que aprovechan. Puede tener seres extraños alrededor con los que están casi intimando y nunca se dieron cuenta cuando sucedió.

En cuanto a la sociabilidad, no necesita consejos, pues sabe cómo hacer que las personas se sientan cómodas y puede hablar desde cosas científicas hasta comentar las últimas novedades del mundo financiero.

Sexualmente existe una gran atracción ya que ponen en juego toda su vitalidad para agradar al otro, olvidándose a veces de ellos mismos. No son fieles porque necesitan tanta aprobación, que es difícil que una persona sola pueda dársela.

CONQUISTA

El hombre

Libra es el signo más fácil de seducir y aparentemente más fácil de enamorar. Es un enamorado permanente que no deja pasar la menor oportunidad para seducir o halagar a alguien.

Sensuales, voluptuosos y oportunistas, les gusta vivir el hoy sin importarles el ayer ni el mañana. Fácil y rápidamente adaptables, son capaces de amoldarse a cualquier cosa.

En el terreno romántico son tiernos y delicados. Entonces ante esta perspectiva las mujeres piensan que está a sus pies, pero nunca deben fiarse de un hombre de Libra, ya que es como una mariposa de vuelo liviano listo para descender hacia el cuerpo y luego huir rápidamente.

Para seducir a un libriano hay que mostrarse gentil, dulce pero misteriosa.

Tiene cierta tendencia a tomarse con demasiada tranquilidad a las personas que ya cree conquistadas, entonces se va de un lado u otro de la balanza y se cree el mejor y más requerido hombre o el más horrible y poco deseado. Por eso para seducirlo nunca hay que hacerle creer del todo que uno se muere por ellos.

Los nativos de Libra tienen el más absoluto dominio de la seducción. Los hombres manejan el juego de la seducción como ningún otro signo del zodiaco. Entonces es importante hacerse la misteriosa, pero no tanto porque encontrará encendida a alguien en donde desplegar sus alas de mariposa.

Lo importante es lucir sexy, sensual, usar un vestido elegante y ajustado para la primera cita con un delicado perfume y mostrarse muy alegre. A los librianos, que son tan inseguros, les encantan las mujeres que tengan entusiasmo y fuerza de carácter.

Desean la seguridad emocional de saberse entrañablemente amados. En el caso de los hombres necesitan una entrega donde sientan una necesidad imperiosa de fundirse con la persona a la que quieren, pero este fuerte impulso los hace esperar para tomar una verdadera decisión a la hora de elegir pareja.

La mujer

Las mujeres de Libra son casi invariablemente bonitas y poseen un cuerpo muy armónico. Su forma de vestir siempre es el adecuado para cada situación. Especialmente se destaca de las otras mujeres por su elegancia y atractivo personal.

La mayoría de las mujeres de Libra son increíblemente diferentes a los hombres. Son apasionadas y lo demuestran con naturalidad. Pero luego, cuando viene la hora de las definiciones, el pobre hombre ilusionado se quedará llorando o esperando bajo la lluvia a la libriana que nunca apareció a la cita más concreta.

¿Por qué pasa esto? Porque ellas son todo lo femeninas que pueden ser, pero también son demasiado seductoras y a veces se arrepienten de haber coqueteado de más, casi histéricamente.

Entonces tienen que hacer una gran retirada cuando se dieron cuenta que se pasaron de la raya con alguien que realmente no les interesaba para nada. Jamás conocerás a una de ellas que no tenga una sonrisa lista para atraer al más inseguro de los hombres.

Por eso es muy probable que el teléfono de una libriana esté completo de sonidos para distintas invitaciones, pero en realidad si le preguntan "¿quién le gusta?", ella contestará: no sé, que te parece, ¿cuál me conviene?

Para seducir a una mujer de Libra se necesita mucha astucia y un cierto aire autoritario, como un leonino o un ariano.

Ella debe pensar que eres el centro del mundo y del poder y que ella puede admirarlo siempre. Pero como al mismo tiempo es muy mental y siempre está pensando, es difícil mantenerse como un ídolo las 24 horas del día.

A partir de ese momento, habrás perdido la batalla, si no logras hacerla pensar que es ella la que está enamorada. Si así lo logras sus sueños serán tus sueños, y nada te importará tanto como hacerla feliz.

LA CONVIVENCIA CON LOS LIBRIANOS

Para que Libra se quede a tu lado nunca debes:
- Nunca sienta que no sabe decidir, aunque pregunte lo que tenga que hacer.
- Que no sienta que puede armonizar cualquier problema.
- Nunca crear conflictos innecesarios.
- No crear un halo de misterio alrededor de la relación.
- No halagar su nueva ropa.
- No ser romántico/a.
- No recordar con el centro de tu atención.
- No asistir a una cita social para ellos importantes.
- No ser reconocido en sus valores.
- No ser amables con otras personas en el lugar donde se encuentren.
- No presionar nunca una decisión.

LIBRA Y EL SEXO

Posición en el Kamasutra

A Libra lo cautiva reflejarse utilizando al otro como espejo, por esc la posición recomendada para este signo es: El espejo del placer.

Ella se acuesta boca arriba en forma receptiva, mientras el hombre la penetra arrodillado tomando las piernas hacia arriba. Esta postura permite variar el sentido de la penetración y la apertura de las piernas. Los amantes pueden observarse mientras gozan, las manos pueden cambiar de posición y mientras llegan al orgasmo pueden reflejar, como en un espejo, lo que Libra vaya sintiendo en cada instante de placer.

¿Cómo disfruta Libra?

Los hombres de Libra necesitan disfrutar en compañía de una pareja que esté segura emocionalmente en todo momento. También desea que su compañera sea atenta a sus antojos y gustos especiales en la comida, o en la cama. Además, disfruta de una mujer cuando se viste en forma elegante, porque le da importancia tanto a la moda como a la estética. Disfruta de una mujer que en las reuniones sociales se destaque por su cultura y diplomacia.

Esta mujer tiene una tendencia a tener romances pasajeros pero muy apasionados. Provoca que la adoren por su delicadeza y dulzura. Con su permanente forma de seducir hace todo lo posible para que todos respondan a sus caprichos. Y lo logra debido a que es irresistible y muy inteligente para conocer el lado débil del otro. Para que se entregue, el arma que tendrá un resultado seguro es que piense que para ti ella es la mujer más atractiva y bella del mundo.

¿Qué es lo que más excita a Libra?

Los librianos son realmente sensibles al amor y al sexo, ellos son seductores y les encanta sentirse deseados aún por las personas que no les interesa. El acto sexual para ellos debe ser un juego agradable y armonioso.

A Libra le encanta las personas cariñosas pero no le gusta que lo presionen demasiado a la hora de concretar una relación. Necesita sentirse que es casi el objeto de atracción de su amante. Como dioses del amor, a ellos les encanta verse hermosos a los ojos del otro. Tendrás que mostrar esa actitud desde el principio para que Libra se entregue tranquilamente a tus brazos.

El ritmo sexual

En este signo, el ritmo sexual es diferente en ambos sexos. En las mujeres, debido a que ellas necesitan prepararse para hacerlo. Eligen prendas exóticas y hasta realizan la estimulación imaginando una especie de escena teatral con diferentes hombres que les provocan placer, antes de llegar a un ritmo sensual y erótico.

En cambio, los hombres de este signo son mucho más simples y como son muy seductores sienten gran sensibilidad. Necesitan encontrar el ritmo de su dama de turno y complacerla, aunque este sea violento.

Masajes eróticos

Las personas de Libra son especialmente susceptibles a las caricias de todo tipo, especialmente si van acompañadas por palabras dulces y bellas. Este clima, los prepara para el momento de mayor éxtasis: el acto de hacer el amor, en donde pueden conjugar todos los placeres de la sexualidad.

Coloca a tu pareja de Libra boca abajo, realiza unas suaves y sensuales caricias en la zona baja de la columna hasta las nalgas. Trata de recostarte sobre su cuerpo mientras lo realizas. Esto es lo que más excita a este signo que busca siempre el amor.

Para tener buen sexo debes . . .

Ser tan intenso y sensual como él, porque el amor para los librianos es sinónimo de sexo profundo. Exigen total posesión y fidelidad de su pareja. El lenguaje del cuerpo, en el acto sexual, es para estos nativos un modo privilegiado para comunicar lo que no suelen expresar mediante palabras. La riqueza de su sexualidad no reside únicamente en el vigor y la resistencia que poseen, sino también en los matices que son capaces de obtener del erotismo.

Lo que no perdona en una relación

Libra tiene fama de ser un signo muy equilibrado y armonioso pero no es verdad. Libra no es un signo rencoroso, pero duda mucho de todo, así, que es difícil o muy personal en cada relación determinar, qué es lo que libra no perdonará. Libra puede llegar a perdonar la infidelidad, debido a que por su constante coqueteo con todo el mundo, se siente culpable.

En realidad, Libra no es que no se enoje, sí lo hace, pero la culpa es más fuerte que el rencor en la lista de sus sentimientos. Por eso, en realidad, Libra, al que no perdona cuando sucede algún conflicto en su pareja es a él mismo.

Cómo lograr el éxtasis sexual con Libra

Para estos nativos el sexo es como un juego agradable y armonioso. Libra adora a las personas cariñosas pero no le gusta que lo presionen demasiado a la hora de concretar una relación. Necesita sentirse que es casi el objeto de atracción de su amante.

Como dioses del amor, a ellos les encanta sentirse bellos a los ojos del otro. Tendrás que mostrar esa actitud mágica desde el principio para que Libra se entregue en tus brazos.

El secreto erótico de Libra

Actúa siempre de espejo para los deseos sexuales del otro, pero no reconoce los propios impulsos. Libra persigue la conquista sexual pero está desconectado de su propia necesidad.

En ocasiones experimenta sentimientos bisexuales porque busca reflejar las necesidades de la pareja. Su identidad sexual es pasiva y necesita del aliento entusiasta de su pareja. Es inseguro y teme al rechazo, complejo sadomasoquista inconsciente.

Cómo besa Libra

Para este signo todo tiene que ser agradable y armonioso. Por eso son tan seductores, desean agradar a todo el mundo. Es raro que a un libriano no lo bese primero una mujer, porque provoca tanto deseo que terminan siendo casi violados, lo mismo sucede con las nativas de este signo. La forma de besar nunca será la misma para un nativo de Libra.

Un canceriano tendrá besos de novela, con un leonino besos rápidos y precisos, con un pisciano podrán estar mil y una noches besándose. Ellos se adaptan al otro. Pero son tan poco fieles a sí mismos, que son capaces de besar a alguien, para que el otro no se sienta rechazado.

LIBRA EN PAREJA

La pareja ideal de Libra

Los librianos son realmente sensibles al amor y al sexo. Les encanta sentirse deseados aun por las personas que no les interesa. El acto sexual debe ser un juego agradable y armonioso.

Libra prefiere las personas cariñosas pero no le gusta que lo presionen demasiado a la hora de concretar una relación. Necesita sentirse que es el objeto de atracción de su amante porque les encantan sentirse bellos a los ojos del otro. Tendrás que demostrar esa actitud desde el principio para que Libra se entregue a tus brazos.

Recetas para enamorar a Libra

El hombre de Libra es uno de los más fáciles para enamorar de todo el zodíaco. No te olvides que él no es infiel porque cree que está hecho sólo para el amor. Así que tendrás que ser muy convincente en la receta que tendrás que ejecutar.

Puedes tomar la iniciativa con un beso de enorme pasión, antes de sugerirle que lo deseas de una forma impresionante. Luego, cuando vayas a la cama con él puedes desempeñar todos tus dones de vampiresa, que le encantará.

Dietas del amor para las librianas

Todas las delicias diurnas y nocturnas que puedas realizar con esta mujer, desde conquistarla con un poema del romanticismo clásico o tener el sexo más fuerte e intenso, es lo que debes utilizar como condimento de tu receta.

Si le consultas qué tipo de ropa íntima tienes que utilizar para armonizar con su gusto en el acto sexual, estará fascinada con tu persona. Porque ella no se pierde un sólo detalle de su amante.

La atracción fatal de Libra

- El amor es el tema central en la vida de un libriano/a por lo tanto, son muy románticos y atractivos en ese ámbito.
- Respetan las necesidades y los espacios del otro y así, logran enamorar y atraer a todas los personas de su alrededor.
- Su facilidad para concertar relaciones de todo tipo.
- Los hombres de este signo son fatalmente galantes y las mujeres, muy atractivas.

Por qué le teme Libra al compromiso

Los librianos, tanto los hombres como las mujeres, a pesar de su fama de equilibrio son altamente complicados, porque cuando logran conquistar a alguien puede ser que se encuentren contentos por un tiempo. Pero luego, necesitan salir a la búsqueda de otras relaciones.

El miedo de Libra es sentirse atrapado y como no tienen una personalidad demasiado estable, temen que su pareja lo domine por completo y también influya en todas sus decisiones. Por ello, si tienes una relación estable con un libriano, trata de evitar darle explicaciones de lo que realizas.

La zona oscura del amor para Libra

Libra, tienes una excesiva tendencia a centrarte en los demás, y te olvidas de tus verdaderas necesidades o deseos. Como siempre, cumples con el otro y eso te hace sentir una gran insatisfacción.

Tu tendencia a evadir los problemas, provocada por tu necesidad excesiva de armonía entre la gente, puede llevarte a extremos de soportar caprichos ajenos, que pueden enfermarte físicamente. Todos estos mecanismos pueden resultar en explosiones ridículas que además nadie comprende.

¿Puedes llegar hasta el extremo de matar a alguien porque te quitó el cepillo de dientes? La respuesta seguramente es afirmativa. Entonces no reprimas más de lo que puedes soportar y trata de expresar tus necesidades.

Cómo anticiparte a la reacción de tu pareja Libra

Tendrás que saber de antemano que su reacción, acción y pensamiento provienen de un carácter siempre amable, simpático, delicado y cuidadoso con el otro.

Es amante de la belleza. Piensa siempre en cooperar, es bueno para las relaciones humanas, y armonioso; y en sus acciones es diplomático, agradable y tolerante

Lo que más admira Libra de su pareja

- Que no dudes de sus sentimientos y que te muestres seguro en todo momento.
- Que pueda confiar en ti cuando necesite pedirte algo.
- Que seas buen compañero y comprendas sus momentos de disgusto o incertidumbre.
- Que seas lo suficientemente silencioso o discreto para que los demás no se enteren de los conflictos que puedan tener en la pareja.
- Que seas elegante y muy sensual.
- Que le demuestres que lo deseas con todas tus fuerzas, especialmente en el ámbito sexual.
- Que los demás piensen que son una pareja armoniosa y perfecta por tus comentarios hacia los demás.

¿Por qué es infiel Libra?

La excesiva tendencia a centrarse en los demás hace que Libra se olvide de sus verdaderas necesidades o deseos. Su frenética búsqueda de armonía entre las personas, puede llevarlo hasta el extremo de ser infiel con su pareja por no saber decir que no, ya que lo pone incómodo.

Puede, sin desearlo, engañar a su pareja. Pero, de todos modos, es bastante seductor y le gusta ser deseado por el mundo entero. Libra es infiel, porque para él las relaciones son como un juego y no será infiel, siempre y cuando tenga mucho que perder en la partida.

Cómo conquistar al hombre de Libra

¿Los románticos librianos se seducen solitos . . . ?

El hombre de este signo es el más fácil de seducir y aparentemente de enamorar. Porque es un enamorado eterno; no deja pasar la menor oportunidad para seducir o halagar a alguien.

Sensuales, provocativos y oportunistas, les gusta vivir el hoy sin importarles el ayer ni el mañana. Son fáciles y rápidamente adaptables, son capaces de amoldarse a cualquier circunstancia.

Cómo conquistar a la mujer Libra

¿Es una mariposa peligrosa para amar . . . ?

En el terreno romántico, las mujeres de este signo, son tiernas y delicadas. Es por ello que los hombres suelen creer que la libriana está a sus pies. Pero nunca hay que fiarse de ella. Es como una mariposa: liviana para descender hacia el cuerpo de quien le interesa e igualmente ligera y sutil para escaparse.

Para seducirla hay que mostrarse gentil, dulce pero misterioso, que nunca esté segura de nada. Es muy natural que sea celosa, pero por su tendencia a tomarse con tranquilidad a las personas que ya cree conquistadas, puede creerse la más bella de las mujeres. Por eso, para seducirla, nunca hay que hacerle creer del todo que uno se muere por ella.

LIBRA EN SOCIEDAD

¿Qué perfil muestra a los demás?

Se muestra como una persona muy sociable, que busca la felicidad en la pareja. El buen gusto y la armonía que impone a sus realizaciones son su sello vital más característico. Posee cortesía y dulzura innatas en su trato diario. Cuidado exquisito en su forma de presentarse ante los demás. Sabe ganarse a los demás por medio de sus actuaciones personales.

Cómo reconocer a Libra en la multitud

Un nativo de Libra se destaca por su buen gusto, tanto desde el punto de vista estético y como cuando frecuenta determinados ambientes sociales.

Su excesiva tolerancia y su actitud comprensiva, a veces, provocan confusión en los demás porque puede parecer demasiado falso. Cuando veas a una persona en estado de colapso tratando de ser comprensivo pero al mismo tiempo estar discutiendo consigo mismo, entonces estarás en presencia de un libriano.

Libra soporta en su interior contradicciones tan fuertes que desembocan en una aceptación del pesimismo y fracaso. De la fusión de su talento con su sensatez, resultará la característica clave, la profesionalidad.

Cómo funciona la energía de Libra

Encarna el juicio hacia las personas, conceptos, el tiempo. Libra no sólo rige la alianza entre el hombre y la mujer, sino también todas las uniones posibles, sobre todo las que tengan que ver con el hombre y su creación.

En el plano colectivo se trata de la alianza entre el hombre y el Cosmos, la sociedad y el cielo. Tiene un gran sentido de la armonía, pero no siempre lo logra, debido a su gran receptividad con respecto a las emociones o los pensamientos de los demás.

Cómo se libera Libra

La libertad para ti es el tema central de tu vida porque tienes aspectos en contradicción. Por momentos quieres espacio, pero en general necesitas una pareja estable. Entonces buscas personas originales, diferentes y creativas. Si no encuentras esas características, no intentes mantener una relación formal y clásica: te sentirás frustrado si tanto añoras la independencia personal. Simplemente debes realizar todo lo que te haga sentir pleno más allá del otro.

Los lugares por donde elige pasear

Para que los librianos se encuentren felices tienen que diagramar salidas que posean las siguientes características:

- Los librianos aman sobre todas las cosas, sentirse cómodos y en armonía donde vayan.
- Las salidas ideales son aquellas donde puedan desarrollar sus dones preferidos como la diplomacia y las relaciones públicas, preferentemente en sitios de alto status.

Los mejores regalos para él

Los sensuales y seductores librianos experimentan cualquier regalo como tocar el cielo con las manos, porque como siempre desconfían de todo el mundo y creen que nunca se merecen nada.

Para ellos los pañuelos de seda, los accesorios o cinturones de cuero clásico pueden ser un regalo interesante. También, como le gusta compartir con sus amigos, todo lo que tiene que ver con una buena colección de vinos añejos, le puede llegar a fascinar.

Pero el regalo que puede volverlo loco de contento es un anillo que contenga sus iniciales o su nombre grabado, en oro blanco o cualquier otro metal. Eso le refuerza su identidad, tan cuestionada por sí mismo.

Los mejores regalos para ella

A la seductora y encantadora libriana cualquier regalo que le hagan, le gustará. Ella es muy sutil para hacer un comentario al respecto. Pero en realidad prefiere la ropa de diseñadores famosos.

Le gustan las joyas, los perfumes y la ropa sexy. Le gusta provocar en todo momento. Un buen obsequio serán los accesorios, como los cinturones o todo aquello que destaque su cuerpo.

La amistad para Libra

En general, los librianos son muy buenos para hacer amigos. Tienen una rara mezcla de afectividad y saben poner distancia a tiempo cuando hay problemas en la relación amistosa. Este mecanismo tan sutil de los nativos de Libra les permite crear lazos armoniosos y mantener amistades por mucho tiempo. Los conflictos y peleas le producen incomodidad, necesita vivir en un mundo tranquilo y pacífico. Tienen mucho tacto y notable carisma, pero a veces toman como propios los problemas ajenos. Y esto, no les permite ayudar a sus amigos sin sentirse algo involucrados.

Cómo es el hogar de Libra

Los librianos tienen fuerte necesidad de rodearse de un ambiente armonioso, ya que tiene un sentido natural artístico. Esto se refleja en la forma en que viste, decora y amuebla su hogar, su área de trabajo, y todos los lugares en donde reside. Todo tiene que ser estéticamente placentero y apropiado.

El día afortunado para Libra

Viernes: del latín *veneris dies*, día de Venus. Antes de la fundación de Roma, Venus era venerada como la diosa protectora de los huertos, pero a partir del siglo II antes de Cristo fue consagrada como diosa del Amor; los griegos la llamaron Afrodita.

A la popular diosa del amor se le representa a veces sentada en un carro tirado por palomos, cisnes o pájaros, con una corona de rosas y mirto circundando sus cabellos. El planeta Venus es el regente de este signo.

¿Qué carta del tarot le corresponde a Libra?

Cada carta de tarot representa un arquetipo energético interno y tiene su correspondencia con tu signo del zodíaco, determinando características de tu personalidad.

Los nativos de Libra están representados por la Carta VIII: La Justicia.

Cualidades: Equilibrio. Satisfacción íntima. Prudencia y diplomacia. Capacidad de decisión ante la incertidumbre emocional.

Libra y el dinero

Libra necesita vivir en un mundo tranquilo, seguro y armonioso. Si tiene que pagar toda la vida por eso, no le importará. Gastará todos sus ahorros si alguien le promete belleza, juventud, armonía y felicidad eterna.

Sin embargo, no es fácil sacarle dinero a un nativo de Libra porque, como buen signo de aire, medirá y contará cada peso con su balanza y sabrá muy bien lo que invirtió en cada idea o deseo.

Libra y las mentiras

Los librianos odian la mentira, pero son capaces de mentir para crear armonía en su medio ambiente.

A Libra le es muy difícil decir que no, por lo tanto, a la hora de decidir es posible que mienta antes que oponerse a una propuesta. Esta circunstancia, los mete en serios problemas que le cuestan resolver, porque por quedar bien con todo el mundo no pueden manejar su propia vida.

Capítulo 8

ESCORPIÓN: La renovación

ATRACCIÓN

Cómo seducen los escorpianos

Todos sabemos que los escorpianos se consideran los mejores amantes o por lo menos así piensan un gran porcentaje de ellos. Quizá tengan una habilidad que da buenos resultados, pero, ¡podrían ser un poco menos vanidosos! No es bueno ofender a un escorpiano, ya que no perdonan una ofensa y nunca se olvidan de ella.

La forma de seducir de un escorpiano es a través del suspenso. Se envuelven en ese halo de misterio que los protege de todo, pero no de sus propias emociones agitadas. No cabe ninguna duda cuando un Escorpión realmente se enamora de alguien, porque se lanza sin frenos. Una vez que están envueltos en una relación, demuestran toda la pasión. Cuando el amor se cruza en su camino, están convencidos de que ésta es la relación que siempre han estado esperando y vuelcan en ella todas sus energías. Los escorpianos son muy suspicaces y pueden ponerse fácilmente celosos si imaginan que su pareja les oculta algo. Pronto acumularán pruebas y desafiarán a la persona amada. Tiende a ser celosísimo y debería tratar de disminuir esa característica, sobre todo cuando sabe que no hay motivos para sus celos. Aquí es donde el temperamento volcánico de Escorpión puede emerger con toda la fiereza. Famosos por su introversión y su intensidad, los Escorpiones entierran sus emociones más sentidas en las profundidades al tiempo que paladean su misteriosa imagen externa.

Son muy fieles y necesitan la seguridad de una relación permanente. Si son víctimas de una grave desconsideración amorosa, es posible que decidan pagar con la misma moneda.

El problema es que si bien es extraordinariamente curioso respecto de la vida privada de los demás, revela tan poco de la suya que no es justo. Si no quiere que continuamente se hagan referencias al "aguijón de la cola del escorpión", tendrás que demostrarle que la gente se da cuenta de que pertenecen a uno de los signos más leales y amantes.

Escorpión debería aprender a tomar las cosas más a la ligera, a desarrollar más sentido el humor para encarar la vida y a no tomar tan seriamente cualquier comentario que se le haga sobre su persona. A menudo, ve reproches o críticas donde no las hay, ¡e incluso quiere comportarse como un psicólogo!

¡No todos los escorpianos buscan las emociones sexuales a cada paso!

Sírvase al máximo de su magnetismo. Tiene un carisma casi inigualable y una mirada de sus ojos ardientes puede lograr que alguien caiga a sus pies.

A veces le resulta demasiado fácil conquistar al amante soñado y, en el fondo de sí mismo, ansía el desafío. También necesita a alguien que estimule la mente y no sólo las zonas erógenas.

CONQUISTA

El hombre

Si te has enamorado de un hombre de Escorpión, ¿te da miedo?

Ponte un calzado cómodo, ropa de deporte y comienza tu entrenamiento tanto físico como psíquico. Sino te sigue dando miedo el desafío trata de escapar a más de 1.000 Km. porque si el que ha puesto su mirada en ti es un escorpión, quedarás congelada como un mosquito en una tela de araña. Esto va tanto para hombres como para mujeres que quieran conquistar o vayan a ser conquistados por estas personas, que poseen una mezcla de instinto y sabiduría.

Un hombre Escorpión no es exactamente la mejor respuesta a tus necesidades psíquicas si tú eres de aquellas a quienes les repelen los excesos emocionales o los conflictos a diario. El periódico y las luchas de poderes por los puestos de mando parecen escritas por un hombre de este signo. Corre, sin mirar atrás, mientras decidas escapar de seducirlo, porque si miras para atrás te puedes quedar pegada a su magnetismo personal y su increíble sensualidad. Si acabas de conocer a ese escorpiano, pensarás "nada que ver, si es tan tranquilo y sereno". Si es esta tu reflexión es porque todavía no lo conoces bien y lo que es peor, te aclaro, él todavía no te quiso conocer a ti. Disculpa que sea directa pero te estoy entrenando para resistir a las desaprobaciones, desvalorizaciones, subestimaciones que puede hacerte un escorpiano si se pone celoso por algo que imagina o que le hiciste imaginar.

Al principio puede dar resultado la técnica de Mata Hari para atrapar sus instintos sexuales, pero no las lleves a las últimas consecuencias. Una vez que ya te haya invitado a la primera cita trata de mostraste segura y fiel como una mujer de un cavernícola. Después de esta experiencia, el corazón te arderá durante meses, tal vez durante años, no por salir una vez con un escorpiano sino porque seguro cuando menos te des cuenta te estarás colocando otra vez tu ropa interior mientras te preguntes: hace un rato estaba cenando en un lugar muy tranquilo. ¿Qué hago en el departamento de él?

Su confianza lo lleva a que ningún un romance le asuste, le intrigue o le tome desprevenido. Desde que montó en su primera bicicleta o tal vez en su primer triciclo sabe cómo conquistar al mundo y sus alrededores. Es la naturaleza de Escorpión subyugar. Difícilmente creo puedas seducirlo, sin que el ya lo haya decidido antes. En una palabra, es casi imposible que no te termine conquistando más rápido que la luz o antes que se apague.

La mujer

La mujer Escorpión tiene un don desconcertante que puede hacer que te corran por la columna escalofríos de hielo. Es una forma de magia negra, roja o amarilla pero que ella maneja con dominio hace que parezca auténtica brujería. Quedarás irremediablemente atrapado en su hechizo, irás tambaleante a entregarte sin pensar o te escaparás de ella porque te diste cuenta que con este volcán en erupción magnética no se juega.

La escorpiana quiere un hombre capaz te dominarla y de hacerla sentir orgullosa, sin que por eso, perturbe su individualidad secreta. Espera que él sea fuerte, masculino y más libre que el común de los hombres. Y para estar a su altura de la mentalidad de ella se necesita, desde luego, un alto grado de inteligencia, aparte de cierto poder económico o social.

No hay escorpiana que no se sienta mujer de pies a cabeza. Si estás enamorado de una de ellas, esa chica tiene encanto y seducción más que suficientes para conquistar lo que desea. No te quedes dormido, apúrate a rescatarla de algún otro libidinoso que quiera conseguirla, pensando ridículamente que por su aspecto sexy la puede conquistar rápidamente. No pienses que es presa fácil. La única presa fácil de la película, si estás detrás de una escorpiana eres tú. Te hará morir de celos antes de mirarte, seducirá a todos los que pueda delante de ti antes que la invites a salir. Estas son algunas manías misteriosas que utilizan estas hechiceras perfectas.

Si logras que te diga si, a tu primera cita, trata de no insinuar nada, mejor es que te pongas en acción porque las palabras le aburren y no cree en los vanidosos que hablan pero luego no hacen nada. Te recomiendo que sutilmente comiences el ataque para que te de algo de crédito. Ella estará preparada para luego seguir el camino seguro al matrimonio.

Si sólo querías salir una noche para divertirte no se te ocurra burlarte de una escorpiana porque te hará pasar las de Caín. Puedes estar seguro de que el cielo no sabe de furias como las de una Escorpión cuando pierde su firme control habitual sobre las intensas emociones íntimas de Plutón.

En forma oculta, incluso de sí misma, puede ser despótica, dominante, sarcástica. Tratará de demostrarte que con una escorpiana no se juega y no le hacen gracia las seducciones rápidas y tampoco las actitudes poco comprometidas de un hombre que busque su compañía. Escorpión sujetará tus impulsos y de cazador pasarás seguramente a cazado. Que el dios Plutón, te asista, si puedes, salvo que seas de Escorpión.

LA CONVIVENCIA CON LOS ESCORPIONES

Para que Escorpión se quede a tu lado nunca debes:
- Demostrar los sentimientos.
- Ser apasionados.
- Demostrar interés sexual hacia ellos.
- Reconocer su seducción.
- No ocultar nunca nada.
- Confiar en ellos.
- Tener sentido del humor.
- No enojarse ni violentarse ante un sarcasmo.
- Hacerlo sentir más importante que el resto de los temas en tu vida.
- Crear cierto aire de misterio.
- Tener encanto o diplomacia para comunicar.
- Decir que lo amas, aunque el escorpiano ya lo intuya.

ESCORPIÓN Y EL SEXO

Posición en el Kamasutra

A Escorpión le fascina sentirse fusionado con su pareja en el ámbito erótico, por ello la posición recomendada para este signo es: La fusión

El hombre se sienta echando su cuerpo levemente hacia atrás y apoyando sus manos al costado del cuerpo. Las piernas pueden estirarse o flexionarse según la comodidad que se disponga. La mujer, asumiendo el rol activo de la ocasión, pasa sus piernas por encima de su compañero y apoya sus brazos atrás del cuerpo. La estimulación previa debe ser intensa, ya que durante la penetración esta postura impide el acercamiento manual y el contacto de las bocas. La mujer marca el ritmo. La mirada tiene un componente fundamental y la palabra puede ser una increíble arma para fomentar el deseo de la fusión. Esta característica de jugar con la mirada es efectiva para Escorpión.

¿Cómo disfruta Escorpión?

El hombre escorpiano disfruta de la compañía de una persona confiable y fiel. Escorpión disfruta de los momentos de soledad con la pareja en situaciones románticas como una cena con velas acompañada por una música muy sensual. Este signo adora a las personas que sean muy mentales y que le den respuestas con doble sentido para que ellos se queden pensando: ¿qué me habrá querido decir con eso? La mujer de Escorpión es muy intensa, emocional y dominante. Tiene una mirada profunda que logra dominar con sólo mirarte. Recuerda que cuando busca llamar la atención siempre toma el camino del conflicto. Es una mujer muy fuerte, llena de energía y vitalidad, con un carácter agresivo y decidido. Para hacerla disfrutar hay que demostrarle primero fidelidad absoluta. Si deseas arriesgarte a dominar su corazón tienes que saber que esta mujer posee leyes muy rígidas, tanto para el amor como para todo lo demás.

¿Qué es lo que más excita a Escorpión?

Este signo es tan intenso y sensual, que si no se sienten deseados para los escorpianos es una ofensa. A ellos les gusta excitar a las personas todo el tiempo como una especie de deporte. Son los campeones de la guerra y del amor. Así que tu trabajo aquí no será solamente excitarlo sino someterte a sus requisitos que además son bastante exigentes.

Un escorpión jamás te perdonará no haber quedado lo suficiente satisfecho la primera vez, porque ellos no comprenden cómo tú no estás fascinado con su cuerpo o con su manera de hacer el amor. Ellos piensan que son los número uno del sexo, así tendrás que demostrárselo y seguir su entrenamiento sexual.

El ritmo sexual

Tanto hombres como mujeres escorpianas se erotizan de una manera muy particular. Es como que entran en una especie de trance hipnótico y su ritmo sexual es muy violento y magnético. Por momentos es como que necesitan sacudirse a su antojo. Los escorpianos, en el proceso del ritmo sexual, sienten un éxtasis sin igual que los transporta hacia otra dimensión inexplicable. Además, necesitan ciertos elementos eróticos para perfeccionar su ritmo y alcanzar el máximo placer.

Masajes eróticos

A los escorpianos, les interesa experimentar todo tipo de cosas en el acto sexual. Desde un baño de espuma, masajes eróticos, pasando por cualquier variedad de afrodisíacos, ellos estarán en las nubes de felicidad. Lo más importante para este signo es sentir las caricias directamente en la zona genital. En el caso de las mujeres, les encanta que estimulen su punto G; a los hombres, su órgano sexual y sus nalgas. Pero lo más importante, es que su pareja le demuestre un estado de éxtasis todo el tiempo que se encuentren juntos.

Para tener buen sexo debes . . .

Ser tan intenso y sensual como él, porque el amor para los escorpianos es sinónimo de sexo profundo. Exigen total posesión y fidelidad de su pareja. El lenguaje del cuerpo, en el acto sexual, es para estos nativos un modo privilegiado para comunicar lo que no suelen expresar mediante palabras. La riqueza de su sexualidad no reside únicamente en el vigor y la resistencia que poseen, sino también en los matices que son capaces de obtener del erotismo.

Lo que no perdona en una relación

Es un signo con muchas pasiones en conflicto y cuando se enoja no mide sus reacciones. Y si se siente víctima de cualquier maltrato es por el hecho de haber confiado en alguien una y otra vez y que esa persona lo haya defraudado. Algo que no perdona aparentemente Escorpión es que le sean infieles. Quizás, hasta permita el engaño o que lo hagan sufrir, pero si tú eres el que está del lado del victimario, cuida bien tus espadas porque la reacción de Escorpión es como el veneno, puede dártelo en porciones pequeñas o puede matarte de una sola vez. Escorpión te pasará factura por cada cosa que sienta que es herido o por el cual él cree que tú lo has perjudicado, sea o no cierto para ti.

Cómo lograr el éxtasis sexual con Escorpión

Este signo es muy intenso, sensual y mágico. A estos nativos les gusta jugar y fascinar a las personas todo el tiempo, crear como una especie de hechizo. Son los campeones de la guerra y del amor. Así que tu trabajo aquí no será atraparlo, sino someterte a sus requisitos. Además, son bastante exigentes en lo que se refiere al sexo. Ellos piensan que son los campeones y los hechiceros del sexo, así que tendrás que aceptarlo y demostrárselo.

El secreto erótico de Escorpión

Escorpión atrae a menudo a compañeros muy activos sexualmente, inclusive puede llegar a la lujuria pura. Es posible que a ambos sexos les cueste ser fieles. Muestra una tendencia a aburrirse de sí mismo o del otro en el plano sexual, pero es una forma de buscar intrigas para mantener a su pareja alerta. Las palabras secretas para conocer sus debilidades son: Busca el dominio de su pareja en el plano erótico, obsesionado por el deseo sexual, inconsciente conflicto entre el sexo y el amor, voyeurismo.

Cómo besa Escorpión

Para los escorpianos todo es sinónimo de intensidad. Por eso la garganta profunda es su especialidad a la hora de besar. Son muy posesivos.

Este ejemplo es válido para ambos sexos. El lenguaje para la expresión de su pasión pueden ser besos de todo tipo. Los cuellos y otras partes no tan visibles de muchos amantes de Escorpión han quedado marcados de moretones, por los demostrativos y exuberantes besos de estos dominantes nativos.

ESCORPIÓN EN PAREJA

La pareja ideal de Escorpión

Escorpión es tan intenso y sensual que si no se siente deseado te abandonará en un instante. A ellos les gusta excitar todo el tiempo como si fuera una especie de deporte. Así que tu trabajo aquí no será solamente excitarlo sino también someterte a sus requisitos bastante exigentes. Un escorpión jamás te perdonará no haber quedado suficientemente satisfecho la primera vez. Ellos piensan que son el número uno del sexo, así tendrás que demostrárselo y seguir su entrenamiento sexual.

Recetas para enamorar a Escorpión

El hombre de Escorpión es un verdadero amante del sexo. Para hacer una receta perfecta, debes aplicar una gran dosis de pasión con un toque mínimo pero muy acertado de agresión.

Trata de crear juegos eróticos porque él necesita mucha intensidad de tu parte. Te recomendamos que leas todo tipo de literatura sobre el tema, porque una gran dosis de misterio y misticismo le encantará a este hombre tan ardiente y a la vez posesivo de su enamorada.

Dietas del amor para las escorpianas

Las escorpianas son realmente muy apasionadas y necesitan que su pareja le demuestre que son el centro de su deseo. Podrás experimentar con ella recetas de toda gama de gustos y sabores, pero antes debes realmente tener la paciencia para que ella desee el menú que tú le vas ofrecer. Una receta deliciosa para ella es una cena romántica, acompañada con un vino de reserva antigua o un buen champagne delicioso, en la que pueda degustar desde tu piel hasta la mejor copa de cristal que poseas en tu casa y eso sí, que no falte el postre.

La atracción fatal de Escorpión

• Apasionados y desbordantes de sensualidad para seducir.
• Intensidad en sus sentimientos.
• Gran magnetismo para atraer a las personas que desean o aman.
• Capacidad de fidelidad cuando sienten un profundo amor.
• Gran talento para seducir sexualmente a su pareja.

Por qué le teme Escorpión al compromiso

Escorpión es el signo de las pasiones y necesita siempre de grandes demostraciones de sentimientos. De lo contrario, no confiará en las personas que dicen amarlo. El temor de los escorpianos es el de ser traicionado por la persona en la que deposita su corazón y se compromete fielmente cuando ama de verdad. También teme que su pareja invada su intimidad más profunda, porque sus pasiones son muy complejas, hasta para sí mismo. Por eso, tiene miedo de no poder guardarlas en secreto y que descubran su lado más vulnerable y oscuro.

La zona oscura del amor para Escorpión

A veces tienes una excesiva tendencia a buscar conflictos con los demás. Las razones son varias:

- Es una forma de controlar a los seres que deseas.
- Tienes una inclinación a sentir culpas, o emociones negativas, generadas por tu excesiva posesión por el otro.
- Tu autoestima está siempre cuestionada por ti y esto te impide relajarte.
- Todos estos mecanismos forman un círculo vicioso, que te impide estar en armonía tanto contigo como con los demás. Tienes que aprender que lo contrario al amor no es el odio, sino el poder.

Cómo anticiparte a la reacción de tu pareja Escorpión

Tendrás que saber de antemano que su reacción, acción y pensamiento provienen de un carácter radical, profundo, muy sensual y entregado. Piensa en forma sagaz, centrada, penetrante, su forma de reaccionar es crítica y creativa. Sus acciones son para transformar, y procura ir a lo esencial en cada situación.

Lo que más admira Escorpión de su pareja

- Que seas confiable en todo momento.
- Que no te enganches en situaciones conflictivas que él mismo crea.
- Que te respetes a ti mismo sobre todas las cosas.
- Que tengas ideas firmes y bien fundas en tu propia historia.
- Que tengas serenidad para resolver los problemas.
- Que seas más mental que emocional, porque él necesita reflexionar y analizar más de lo que tú piensas.
- Que tengas claro los sentimientos hacia su persona, aún cuando ya no estés tan interesado en la pareja.
- Que le comentes que te atrae otra persona antes de engañarlo con alguien.
- Que seas extremadamente sexual.

¿Por qué es infiel Escorpión?

Escorpión tiene una excesiva tendencia a buscar conflictos en las relaciones, cuando siente que no puede controlar a los seres que ama o desea. En este caso, siente emociones negativas y pensamientos autodestructivos generados por su excesiva posesión por el otro. Cuando es infiel a su pareja, lo realiza pero con mucha culpa, porque, en realidad, una parte de su conflicto es que no quiere ser infiel y la otra desea vengarse porque tiene sospechas que lo engañan también. Si un escopiano/a se siente feliz y satisfecho/a, jamás será infiel, a pesar de tener la mala fama de devoradores sexuales.

Cómo conquistar al hombre de Escorpión

¿Es peligroso seducir a este hombre . . . ?

Si te has enamorado de un hombre de este signo, ponte calzado cómodo, ropa deportiva y comienza un entrenamiento, tanto físico como psíquico. Porque podrás quedar atrapada como un mosquito en la tela de una araña.

Un representante de este signo, no es exactamente la mejor respuesta a tus necesidades psíquicas, si tú eres de aquellas a quienes les repelen los excesos emocionales o los conflictos a diario. Lo que más seduce a los escorpiones es el conflicto, el misterio y el poder. ¡Así que a trabajar y suerte!

Cómo conquistar a la mujer Escorpión

¿Lograrás entregarte a los encantos de esta mujer . . . ?

Posee un don desconcertante: puede provocarte escalofríos. Tiene un magnetismo especial, una especie de magia negra que maneja con dominio. Quedarás irremediablemente atrapado en su hechizo e irás tambaleante a entregarte sin pensar o te escaparás de ella porque te has dado cuenta que con este volcán en erupción no se juega. Si realmente te interesa, debes tomarla muy en serio. Desea a su lado un hombre capaz de dominarla y de hacerla sentir orgullosa, sin que por eso perturbe su individualidad secreta.

ESCORPIÓN EN SOCIEDAD

¿Qué perfil muestra a los demás?

Se muestra como una persona firme y resuelta, con fuerte voluntad para conseguir lo que desea. Su decisión le hace afrontar los riesgos con fuerza y adaptarse bastante bien a las eventualidades o transformaciones que viva. Gran magnetismo personal. Fuerte resistencia y amor propio.

Cómo reconocer a Escorpión en la multitud

Un escorpiano es fácil de reconocer porque emana autoridad y firmeza. En donde haya un choque o algo sorpresivo y oculto, posiblemente encontrarás a un escorpiano. Los escorpianos se manifiestan con corrección hacia los demás. También cuando sientan una mirada fuerte que te penetra el alma estarás en presencia de un nativo de este signo, porque sin dudas te señalará aquello que tú has querido ocultar. Escorpión nunca pasará inadvertido en la multitud porque son impresionantemente carismáticos.

Cómo funciona la energía de Escorpión

Las emociones y la pasión es su fuerza. Sus poderosos deseos le dan intensidad y obstinación para conseguir los objetivos propuestos. Afectos y aversiones directas y espontáneas.

La acumulación de resentimientos desata sus peores instintos destructivos. Tenacidad para conseguir el dominio sobre los demás, pero efectuado de tal forma que ellos no lo perciban. La lucha y los obstáculos no le arredran en absoluto. Instinto sexual acusado. Capacidad de resistencia excepcional cuando es puesto a prueba emocionalmente.

Cómo se libera Escorpión

Tu energía de libertad la proyectas en el tema sexual o, en el caso del trabajo, en el plano del poder. Tus enamoramientos son muy intensos, generalmente con personas que te crean conflictos y no pueden corresponderte. Tus ideas acerca del amor y del sexo son muy particulares y difíciles de complacer. Por eso tienes que evitar las relaciones que te quiten libertad, las que anulen tu amor propio.

Los lugares por donde elige pasear

Para que los escorpianos se encuentren felices tienen que realizar salidas que posean las siguientes características:

- A los escorpianos les encanta todo lo que sea competencia, desde un juego inocente hasta el más peligroso.
- Lo ideal es llevarlo a un parque de diversiones donde haya juegos de alta tensión donde puedan utilizar toda su energía.
- También aman las películas de terror o suspenso.
- No hay que olvidarse que una buena salida nocturna con un toque sexy es un condimento esencial.

Los mejores regalos para él

A los misteriosos escorpianos les gusta recibir regalos, pero suelen no comentar sus necesidades y es muy difícil descubrir sus gustos. Cada hombre de este signo es un mundo de diferentes pasiones y emociones. Los regalos que pueden interesarles son libros de temas profundos, de psicología humana o la bibliografía de algún político o militar que haya trascendido en la humanidad. También les atrae la música de todos los estilos, aunque prefieren el jazz, la música soul o todo ritmo que posea un toque sensual.

Si tienen de hobbie la pintura, un buen cuadro o póster de un clásico del arte puede encantarle.

Los mejores regalos para ella

No hay escorpiana que no se sienta mujer de pies a cabeza y si deseas complacerla con regalos, tendrán que ser costosos: un anillo de brillantes, un tapado de piel o de cuero con un color oscuro que manifieste su misterio. No es una presa fácil de conformar. Como es muy celosa, le puede llegar a fascinar que le regales un teléfono celular para que pueda controlarte todo el día. La extensión de tu tarjeta de crédito, es su sueño dorado. De esta manera, te poseerá en cuerpo, alma y cuenta bancaria. Si logras que te diga sí a tu primera invitación, trata de llevarla a un lugar misterioso, porque las escorpianas adoran las sorpresas y si la cena es acompañada con música de violines, estará hechizada.

La amistad para Escorpión

Como en todo los terrenos, a Escorpión los sentimientos de posesión lo llevan a pensar que cada cosa que ellos desean es parte de su propiedad. Para la amistad funciona la misma regla. También, es extremadamente celoso con sus amigos y puede ser tan exigente y demandante como con una pareja, aunque sus amigos sean de su mismo sexo. Esta característica puede llevarlos a la soledad, porque piensan que si no lo aman incondicionalmente es porque el otro no lo acepta como realmente es.

Cómo es el hogar de Escorpión

La mayoría de los hogares de Escorpión son limpios, agradablemente decorados y muy hospitalarios. Aunque Escorpión parece mudarse de un lugar a otro sin remordimiento, esa intranquilidad es parte de su búsqueda del nido perfecto. Una vez que lo han encontrado, se establecen de forma permanente.

El día afortunado para Escorpión

Martes: del latín *martis dies*, día de Marte, el dios de la Guerra, llamado también Ares por los griegos. De Marte derivan palabras como "marcial", como en artes marciales. Marte y Plutón son los planetas que rigen a este signo. A nivel espiritual se lo describe a Plutón con el cuerno de la abundancia, lo que simboliza que una persona que realiza una labor de perfección individual recibe las riquezas materiales por añadidura. Plutón es el símbolo de la vida y de la muerte (transformación) de las manifestaciones de la Naturaleza.

¿Qué carta del tarot le corresponde a Escorpión?

Cada carta de tarot representa un arquetipo energético interno y tiene su correspondencia con tu signo del zodíaco, determinando características de tu personalidad.

Los nativos de Escorpión están representados por la Carta XIII: La Muerte.

Cualidades: aprendizaje para liberar del camino con vistas a nuevos intentos. Cambio inesperado de las circunstancias cotidianas. Fin de una situación que está bloqueada e inicio de una nueva época.

Escorpión y el dinero

Si el nativo de Escorpión se caracteriza por ser obstinado, obsesivo y desea controlar siempre a los demás, proyectarán estas cualidades en el dinero. De esta forma, tendremos una persona que a través del poder que le de su dinero quiera manejar a los demás con sus ideas, caprichos o deseos. Pero, si este escorpiano tiene un equilibrio en su vida y se siente seguro de sí mismo puede ser una persona muy abierta y generosa con el dinero tanto como con sus sentimientos.

Escorpión y las mentiras

Como no les importa demasiado ni la demagogia ni la diplomacia, no tienen problemas en decir la verdad por más dura que sea. Ellos prefieren afrontar cualquier tipo de situación antes que descubrir que fueron enganados a sus espaldas, porque no te perdonarían nunca. El escorpiano sólo puede mentir no por piedad sino por odio y no a todo el mundo, sino a alguna persona en especial.

Capítulo 9

SAGITARIO: La visión

ATRACCIÓN

Cómo seducen los sagitarianos

La sociabilidad de los sagitarianos está siempre afectada por una postura estudiada o teatralizada. Su exaltación e inquietud les impiden desarrollar la perseverancia necesaria para realizar relaciones estables. Además, tienen la necesidad permanente de ser el centro de la escena.

Quizás por ese temor a ser rechazados son sus permanentes cambios de núcleo social. La variabilidad en el campo de las relaciones los hace demasiado influenciables a los cambios que se puedan presentar.

En el tema sexual los sagitarianos tienen un intenso pero irregular impulso sexual. Siempre precisan tener fantasías sexuales para mantener su interés. Sin embargo, no toleran el aburrimiento bajo ninguna circunstancia, sobre todo en el sexo. Son mariposones naturales que odian sentirse atados a una rutina durante mucho tiempo. Se deleitan con los encuentros incendiarios y espontáneos.

De todas maneras, con una libido tan cambiante, es probable que a continuación de una etapa muy sexual pasen por un período de abstinencia para recuperarse.

Con respecto a sus relaciones de seducción ellos tienen la costumbre de estar siempre enseñando e imponiendo su verdad a los demás. Creen que esa es una forma sugestiva de atraer interés, cuando en realidad es muy incómodo soportar un maestro ciruela todo el tiempo.

La toma de conciencia ética o espiritual sobre los problemas habituales posibilita el desarrollo de sus capacidades mentales. La creatividad artística los predispone a intercambios intelectuales con otras personas. Sus transformaciones mentales son la causa primera de sus cambios cíclicos. El realismo y la capacidad para disfrutar el momento presente son las cualidades más seguras con que las cuentan para adaptarse felizmente a la existencia tras sus transformaciones. La curiosidad o intelectualismo juega un papel más destacado que el erotismo.

Como son cazadores del zodíaco, no hay nada que les guste más que la emoción de la caza romántica. Sin embargo, algunos de ellos pierden el interés una vez que han capturado a la persona que perseguían, poniendo entonces sus miras en una nueva presa. Este es otro tema a resolver para que su vida no sea un safari de personas, sino una relación afectuosa y que les de una seguridad e independencia.

CONQUISTA

El hombre

Un hombre sagitariano no es una presa fácil. Naturalmente, es un sujeto que piensa todo el tiempo que es mister mundo, es por eso que elegirte va a serle sumamente difícil. En el fondo, cree que la mayoría de las mujeres que conoce no son lo suficientemente buenas para él.

Consecuentemente, toda mujer con la que arregle una cita deberá estar a la altura de su imagen y vigilará si tiene inclinaciones maternales. Se entusiasmará al máximo por una muchacha que no se parezca demasiado a su mamá.

Ustedes pueden capitalizar de veras su engreimiento combinándolo con su sincera preocupación por problemas serios. El personaje que muestran en público, sabe cómo acaparar la atención con la mayor facilidad.

Si estás buscando o enamorando a un hombre de Sagitario tienes que saber que tu estás notoriamente a la caza de un cazador de mujeres.

Te encontrarás con un ser que siempre está buscando a la dama de sus sueños, pero con el agregado de que todos los días tiene un sueño nuevo. Es probable que no necesite decirte que persiguen a las mujeres más inaccesibles que puedan hallar.

Si estás buscando un centauro, tienes que ser más astuta que una serpiente para atraparlo. Otro punto es que el amor lejos y a larga distancia es su favorito, porque así están seguros que no se concretará nada.

De algún modo, se las arreglan para arrastrar a casa su botín después de cada cacería, no importa lo difícil que sea la presa. Serán demasiado bruscos, pero lograrán lo que desean, aunque no se caractericen por una sexualidad muy intensa. Cuando llevan la presa al dormitorio, no saben si jugar con ella al ajedrez o tomarla entre los brazos. Esto pasa porque no son amantes naturales.

Tendrán que asumir que si buscan a este tipo de hombre es porque realmente no buscan un compromiso.

La mujer

La necesidad de aprender con quiénes podemos ser francos y con quiénes mejor callarnos y limitarnos, es nuestro mayor desafío. Esto lo afirmo para las personas que quieran seducir a una sagitariana.

Te encontraste con una mujer mezcla de látigo y flecha de fuego montando un caballo tipo moto.

¿Pudiste hablar mientras estabas con ella? Es imposible seguir cuatro oraciones sin que te interrumpa. No me quiero imaginar si eres el típico geminiano o ariano que no le gusta que los interrumpan. Porque ellas hablan de todo y para todos.

Para las sagitarianas el romance es aventura. Odian conocer el final antes de que termine la historia. Y así es como, una y otra vez, se lanzan a amoríos que son obviamente riesgosos y terminan teniendo que soltarlos como a bollos calientes. Para ellas la idea de casarse es divertida. Piensan en la fiesta y en el viaje de luna de miel.

Son las mujeres que no saben decir simplemente "no". Pero también les gusta un buen juego y flirtear. Les encanta ser independientes y demostrarlo.

Realmente la duda que le cabe a un conquistador de esta amazona centaura es saber si está preparado para correr esta increíble carrera de obstáculos y flechas interminables de palabras, uno debe preguntárselo hasta haber agotado todas las posibilidades. Tienen un punto de saturación. La insistencia en la rutina o en el matrimonio les puede parece demasiado.

Cuando menos se den cuenta empiezan al ataque con sus filosofías y sus historias de teosofía y otras cátedras que si las dejan no paran tampoco.

LA CONVIVENCIA CON LOS SAGITARIANOS

Para que Sagitario se quede a tu lado nunca debes:
- Hablar más que ellos.
- Creerse más geniales que ellos.
- Ser más centro que ellos.
- Demostrar demasiado interés de entrada o salida.
- No tener buen humor.
- Ser muy celosos.
- No dejarlos libres para que se quejen o defiendan alguna locura del momento.
- No querer hacer salidas diferentes o algún tipo aventuras.
- Ser fóbicos a los viajes o de algún medio de transporte.
- Tener rituales rutinarios.
- No comprender sus excentricidades.

SAGITARIO Y EL SEXO

Posición en el Kamasutra

A Sagitario le fascina dirigir su energía hacia una meta clara, esto lo refleja en el plano erótico y por ello la posición recomendada para este signo es: La doma.

El hombre, cómodamente sentado, recibe a su compañera sobre él. La mujer se siente libre en el abrazo, de los juegos eróticos. Esta posición del Kamasutra, puede ser un camino directo y sin límites hacia un orgasmo intenso e inolvidable.

¿Cómo disfruta Sagitario?

A los hombres de este signo les fascinan las mujeres con gran sentido del humor, inclusive en la adversidad. También disfrutan de una compañera seductora y cómplice de sus conquistas permanentes. Este signo goza de las discusiones filosóficas o de los viajes relámpagos a lugares insólitos. También disfruta de personas que compartan su gusto por el deporte de riesgo o de gran competencia.

La mujer de Sagitario muestra un espíritu inquieto y conquistador. Quiere manejar de todo aquello que la rodea, hasta lo desconocido, como un medio para obtener placer. Su amor por las aventuras es muy potente, en la medida que se vea involucrado en una, se sentirá libre y disfrutará mucho de la relación. A veces tiene reacciones infantiles. Si deseas que disfrute profundamente debes crearle misterio y un clima de perpetua incertidumbre, donde la curiosa sagitariana tenga una aventura para conquistar cada día.

¿Qué es lo que más excita a Sagitario?

Si deseas excitar a un sagitariano, debes tener en cuenta que el sexo para este signo es como un viaje o una aventura más de vida. Él busca conocer gente interesante, tener buen sexo y además, elevar su espíritu.

A los sagitarianos les preocupa que tú desees una continuidad en el vínculo que se ha creado, porque ellos están haciendo turismo y no quieren detener su ruta de destino. Así que lo que más le excita a Sagitario es pensar que mañana partirás más rápido que ellos y que después de haber estado en el mejor de los paraísos, no te podrá ver nunca más.

El ritmo sexual

Los hombres y las mujeres de Sagitario son muy desinhibidos con lo sexual. Se adoran tanto a sí mismo que, cuando realizan el acto sexual, la fantasía más recurrente que tienen es la masturbación, por eso para ellos es algo muy natural.

Para este signo, se podría afirmar que el acto de encontrar su propio ritmo sexual es una especie de celebración personal muy gratificante.

Masajes eróticos

A los sagitarianos, como buenos aventureros y exploradores, les encanta todo lo que sea nuevo. Si tú realizas un masaje antes de la relación sexual o después, mientras sea un estímulo novedoso, el momento le es indiferente.

El sagitariano estará en la gloria de contento. Tienes que realizar los masajes en la zona de sus caderas, ya que tanto los hombres como las mujeres, tienden a acumular en esa zona excesos de toxinas. Si así lo haces, puedes conquistar un nativo de este signo y ganarte su fidelidad eterna.

Para tener buen sexo debes . . .

Si deseas conquistar a un sagitariano, ten en cuenta que el sexo para este signo es como un deporte, eleva su espíritu y su cuerpo. A veces lo toman como una aventura, un safari o un viaje divertido. Y al otro día pueden olvidarse de todo.

A los sagitarianos los asusta el compromiso, es importante mantener una relación al principio más superficial dejando que ellos vayan al acecho.

Lo que no perdona en una relación

Sagitario es un signo que puede representar un drama griego por el suceso más inverosímil y pequeño que tú nunca te habías imaginado. Y luego, al minuto, estar bromeando como si nada hubiese pasado. Pero, también, puede no enojarse nuca y eso es lo grave en una relación.

Por eso, en este signo es muy difícil de definir cuáles son las cosas que nunca te perdonará, porque posiblemente no quiera demostrarte sus sentimientos bajos, como él podría llegar a definirlo. El rencor, para un sagitariano, es algo terrible porque él se cree el rey de la verdad y de la justicia. Y, quizás no acreditar que así sea, es lo que no te perdonará.

Cómo lograr el éxtasis sexual con Sagitario

Para un sagitariano el sexo es algo mágico y, además, intercambiable, como una experiencia más en su vida. Sagitario es vulnerable y atento cuando encuentra gente interesante para tener buen sexo y, además, le gusta conocer las diferentes prácticas de los más exóticos lugares del mundo.

Lo que más le fascina es pensar el sexo como algo casi teatral y mágico, donde ellos son los protagonistas. Para provocar el lado vulnerable tendrás que vencer su múltiple energía. Y llegar a cansarlos físicamente como un atleta.

El secreto erótico de Sagitario

Este signo necesita librarse de cualquier atadura afectiva y trascender los límites de la pareja, por ejemplo, desea experimentar el sexo grupal. Tiene una tendencia a la masturbación más que a la relación erótica con su pareja. Para sagitario, el sexo es más un instinto de curiosidad que una necesidad física o emocional.

Las palabras secretas para conocer sus debilidades son: busca experiencias sexuales espontáneas, se aburre con facilidad de la misma persona, masturbación mental, penetra eróticamente en forma mental a los demás.

Cómo besa Sagitario

Para sagitario todo es un viaje. Desde dar un beso hasta el acto de amor. Las sagitarianas no pierden el tiempo en introducciones demasiadas prometedoras a la hora de besar. Toman al hombre y lo besan sin importarle demasiado si ellos están de acuerdo. Los sagitarianos posiblemente sean un poco más cuidadosos, espera que la mujer les sonría como forma de aceptación.

Estos nativos una vez que comienzan a besar, nunca vuelven para atrás y tampoco se paran en un solo puerto. La boca será el lugar de despegue hasta terminar en el destino que ellos tengan planeado. ¿Y el otro? A veces puede ser tenido en cuenta, pero cuando reaccione ya será demasiado tarde para poder decir algo.

SAGITARIO EN PAREJA

La pareja ideal de Sagitario

Para Sagitario el sexo es como un viaje o una aventura más de vida. Este signo sólo busca conocer gente interesante, tener buen sexo y elevar su espíritu.

A los sagitarianos les preocupa que tú desees una continuidad en el vínculo porque ellos están haciendo turismo y no quieren detener su ruta de destino.

Así que lo que más les excita es pensar que mañana partirás más rápido que ellos y que después de haber estado en el mejor de los paraísos, no te verá nunca más.

Recetas para enamorar a Sagitario

A este explorador dedicado a los placeres y el disfrute de la vida en su totalidad, será muy fácil que se alimente de cualquier receta que elabores, pero lo difícil es que mantenga la fidelidad a tu único menú, por lo tanto tendrás que ser muy creativa.

Algo que le puede encantar y lo hará feliz, es que planees diferentes tipos de viajes o visitas a lugares exóticos y que te pruebes todo tipo de ropa espléndida para llevar a ese viaje.

Si no tienes dinero para semejante programa, todos los meses inventa alguna historia al estilo de las mil y una noches con la ropa de una odalisca y si puedes danzar como una de ellas, mejor todavía.

Dietas del amor para las sagitarianas

Las sagitarianas son demasiado inquietas para alimentarse y quedarse sentadas hasta los postres, así que tendrás que ponerte tu mejor ropa deportiva y dedicar tu tiempo para ir al gimnasio.

A estas mujeres les gusta mucho los hombres atléticos de carácter fuerte y, además, apasionados y, a veces, con cierta cuota de agresión. Tendrás que verte todas las películas al estilo Rambo o Rocky para conquistarla y enamorarla.

La atracción fatal de Sagitario

- Encuentra placer en forma vertiginosa.
- Aventurero/a sin límites para el amor.
- Gran generosidad y expresión para amar.
- Atrae fatalmente con su capacidad de diversión y por compartir su gran alegría.
- Inteligencia y capacidad de reflexión sin límites para encontrar diferentes técnicas de seducción.
- Objetivos y metas claras para conseguir a la persona que desea conquistar.

Por qué le teme Sagitario al compromiso

Cuando Sagitario se expresa, dice que puede comprometerse a cualquier cosa. Su naturaleza un poco exagerada, autosuficiente y demasiado concentrados en sí mismos, les provoca cierta pérdida de la realidad, o sea, de la verdadera situación que están atravesando. Y ese mecanismo de huir de la realidad es para no comprometerse para nada y menos con una relación que le ocasione cierta pérdida de aventura y emoción en su vida.

La zona oscura del amor para Sagitario

Es muy difícil marcar tu zona oscura, porque te crees perfecto. Ese es tu primer lado insufrible. Debido a este tema, te crees digno de enseñarle a los demás cómo deben vivir, y tú no sabes qué hacer con tus propias relaciones.

Tienes una energía tan intensa que puede agotar al más valiente de los héroes. No te detienes en tus racionalizaciones o filosofías adquiridas por las miles de cosas que has leído, sin cuestionarte antes de comentarlas si son reales o falsas.

Hasta que no aprendas que todo tiene un límite, será muy difícil para los que te quieren marcarte tus problemas en una relación.

Cómo anticiparte a la reacción de tu pareja Sagitario

Tendrás que saber de antemano que su reacción, acción y pensamiento provienen de un carácter benévolo y alegre. Su forma de reaccionar es protectora e impulsiva. Su forma de pensar es liberal, imparcial, organizadora y profunda, y en su conducta es sociable, idealista, vital, noble y alegre.

Lo que más admira Sagitario de su pareja

- Que tengas un gran sentido del humor, inclusive en la adversidad.
- Que seas un conquistador en todo lo que te propongas.
- Que no dudes de sus ideas o comentarios y que se los discutas con clase y buen humor si no estás de acuerdo con él.
- Que te guste viajar y explorar nuevas aventuras.
- Que sepas guardar silencio en los momentos que está enojado y esperes para reclamar lo que no te parece bien cuando se calme.
- Que nunca le cuentes a nadie sobre un defecto que posee.
- Que tengas una capacidad atlética para el deporte o para algún tipo de juego o competencia.
- Que le respetes su tiempo de abstinencia sexual porque está centrando su libido en nuevas circunstancias.
- Que tengas una filosofía de vida acorde con sus ideas.

¿Por qué es infiel Sagitario?

Hasta que sagitario no aprenda que todo tiene un límite, será muy difícil marcarle sus problemas en una relación. Esto también incluye el tema de la infidelidad.

Este signo se relaciona con cada persona sin conexión con la otra, por lo tanto según su sensación, cada persona es una posible pareja o amante, más allá de que se encuentre comprometido.

El nativo de este signo no cree bajo ningún concepto que es infiel, haga lo que haga. Es infiel, pero hace de cuenta que no se entera, aunque se encuentre en una fiesta muy íntimamente privada.

Cómo conquistar al hombre de Sagitario

¿Deseas seducir a este aventurero audaz . . . ?

Si te gusta un sagitariano, prepárate para encontrarte con tu lado oscuro, con el odio, los celos, el resentimiento y la sospecha. Naturalmente es un sujeto que piensa todo el tiempo que es el dueño del mundo. No será fácil que te elija.

En el fondo, cree que la mayoría de las mujeres que conoce no son lo suficientemente buenas para él. Consecuentemente, toda mujer con la que arregle una cita deberá estar a la altura de su imagen. Tendrás que parecer una gran modelo con un toque de "mujer maravilla" para que te acepte. Si no lo eres y lo conquistas igual, te hará creer que todas sus novias anteriores lo fueron.

Cómo conquistar a la mujer Sagitario

¿Podrás correr a la velocidad de una sagitariana . . . ?

El romance es una aventura muy atractiva para las representantes de este signo. Odian conocer el final, antes de que termine la historia. Por eso, suelen vivir romances riesgosos que deben abandonar al poco tiempo.

Son las mujeres que no saben decir simplemente "no". Les gusta coquetear. Son independientes y lo demuestran. Realmente la duda que le cabe a un conquistador de esta amazona centaura es saber, en qué momento va correr esta increíble carrera de obstáculos. Pero tienen un punto de saturación, la rutina o el matrimonio las puede descontrolar demasiado.

SAGITARIO EN SOCIEDAD

¿Qué perfil muestra a los demás?

Se muestra como una persona alegre y leal a los propios principios. Sabe agradar y complacer a los demás en función de líder. Sus deseos de viajar y explorar a veces lo muestran como una persona demasiado materialista. Se muestra siempre con cierta grandilocuencia o jactancia.

Cómo reconocer a Sagitario en la multitud

Reconocer a un sagitariano es muy fácil, porque será el más torpe de la reunión y aquél que parece andar por la vida sin límites ni destinos. La actividad y el dinamismo son otras de sus características.

El sagitariano es una persona abierta al diálogo inclusive con un desconocido, de manera tal que este pasa a ser el más conocido de sus amigos porque en cinco minutos pudo contarle toda su vida y la de sus familiares. Su actitud, sin importar la edad, siempre tendrá un aire de jovialidad y una actitud un tanto infantil para relacionarse.

Cómo funciona la energía de Sagitario

Este signo se caracteriza por su fuerza de voluntad, tendiente a lo infinito. Continua, tensa y expansiva, en la cual siempre está implícita la fuerza del vencedor, el optimismo y el amor por la vida. Por lo tanto, la voluntad es el eje central de todo el recorrido del sagitariano en este mundo.

Siempre tiene claro su objetivo y sabe cómo llevarlo a cabo. Vive una permanente transformación en su área intelectual, y de alguna manera en toda su área energética, tratando de domesticar lo animal o instintivo que hay en él. Y lo eleva a lo sublime. Sagitario es sinónimo de optimismo, jovialidad, expansión y sabiduría.

Cómo se libera Sagitario

Necesitas aventura y libertad en todos los actos de tu vida. Por eso, si no puedes viajar, te transportarás con tu imaginación. Pero si puedes, recorrerás diferentes sitios, preferirás los más exóticos, extraños y alejados de tu lugar natal. Esa es la forma que adoptas para alejarte de la rutina de todos los días y escaparte de las relaciones formales donde te sientes asfixiado. Trata de experimentar la libertad desde el corazón en forma profunda y no tanto desde tu mente.

Los lugares por donde elige pasear

Para que los aventureros sagitarianos se encuentren felices tienen que pensar salidas que posean las siguientes características:

- Lo mejor para divertir a este movedizo signo es tomar un ticket de avión y volar por dos horas por lo menos a algún sitio extravagante y sugestivo.
- Otra idea es ir a cenar y planificar todo tipo de viajes. Solamente el hecho de imaginarse una escapada, los pone muy contentos.

Los mejores regalos para él

A los sagitarianos les encantaría que le den un caballo, una moto o un auto deportivo. Si la personalidad de este sagitario es del tipo intelectual, un libro de filosofía de extrañas culturas sería un regalo muy gratificante. Pero a este conquistador y aventurero sin fin lo que más le atrae es viajar.

Un obsequio especial es un tiquete de avión a cualquier parte del mundo, aun que sea solo, con o sin hotel. Es capaz de abandonar todo para recorrer el mundo. No te olvides de obsequiarle, si todavía no lo tiene, un servicio de internet para navegar o chatear.

Los mejores regalos para ella

Estas mujeres son muy activas, fogosas y su lista de regalos puede ser muy variada. Si tiene una personalidad intelectual, un libro de filosofía oriental, sería un regalo muy gratificante. Pero a esta conquistadora y aventurera sin fin, lo que más le atrae es viajar.

Si le das un pasaje de avión, quedará hechizada. También le gustan las fiestas, así que una celebración o invitación sorpresa a un lugar muy exótico le encantará.

La amistad para Sagitario

Los sagitarianos son naturalmente amistosos. Siempre dicen lo que piensan. Aunque esto les puede atraer tanto amigos como enemigos.

Su necesidad de variedad e independencia, no le permite tener a ningún amigo demasiado confiable y se reservan la libertad de escoger al amigo que quieren y cuándo lo desean. Cada amigo de un sagitariano será escogido para una ocasión diferente.

Cómo es el hogar de Sagitario

Cuando los sagitarianos invitan a alguien a su hogar, es difícil predecir su conducta, porque pueden ser extremadamente relajados o sorprendentemente formales.

Por lo tanto, cualquier acontecimiento que organizan puede ser una reunión espontánea, con ropa de calle, o puede estar planeado perfectamente hasta el último detalle.

El día afortunado para Sagitario

Jueves: del latín *jovis dies*, día de Júpiter. En la mitología romana es Zeus, el dios del cielo, de la luz del día, del tiempo atmosférico. También es el planeta que rige a este signo.

Para los griegos era el mejor y más grande de los dioses, potente y perfecto; dios de poderío absoluto sobre hombres e inmortales. Zeus era la fuerza y potencia soberana que mantenía el orden, la justicia, el mundo y la ley moral.

¿Qué carta del tarot le corresponde a Sagitario?

Cada carta de tarot representa un arquetipo energético interno y tiene su correspondencia con tu signo del zodíaco, determinando características de tu personalidad.

Los nativos de Sagitario están representados por la Carta XIV: La Templanza.

Cualidades: moderación, armonía, paciencia. Espíritu de adaptación y de conducción. Reconciliación. La personalidad irradia confianza y seguridad.

Sagitario y el dinero

Para Sagitario el dinero es muy importante aunque se haga el desinteresado. El amor y el poder son dos temas que le interesan para satisfacer todos sus caprichos, desde sus viajes insólitos a sus gastos desmedidos. Sagitario, en general, gasta más de lo que gana y esto le trae permanentes problemas en sus relaciones.

Su necesidad de mostrarse y su aire de grandeza lo obligan a desarrollar una vida que no puede sostener. Es importante que recuerde que el dinero es una energía que acompaña a la vida pero no compra todo lo que existe.

Sagitario y las mentiras

Los sagitarianos son mentirosos cuando quieren serlo, pero sus mentiras son muy divertidas y creativas, por eso a veces pasan desapercibidas.

El problema que tiene este signo es que no tiene muy buena memoria, entonces, por ejemplo, frente a una infidelidad, lo más probable es que ellos se pisen al hablar y sean descubiertos rápidamente, salvo que su pareja sea muy ilusa o inocente para deducir el engaño o que se tome sus palabras irónicamente.

Capítulo 10

CAPRICORNIO: La madurez

ATRACCIÓN

Cómo seducen los capricornianos

La ambición es la clave en sus contactos y relaciones amistosas o afectivas. Mezclan con frecuencia sus relaciones de amistad con la profesión que ejercen.

Elaboran sus proyectos de conquista amorosa con gran precisión y tienes paciencia para esperar los resultados. Aunque puedan parecer lentos, siempre están estudiando al detalle la mercadería que se van a llevar.

Para conseguir su presa se moverá con suma cautela, casi como en un juego mental de ajedrez. El tema es que a veces sólo les interesa la conquista que le proponga cierto desafío y exigencia. Sienten que compiten consigo mismo por su presa. Por eso cuando logró su cometido, el conquistado se queda fascinado ante el capricorniano porque la astuta cabra ya conocía al cien por cien de sus ideas, sentimientos y gustos.

Entonces el capricorniano se vuelve casi una necesidad para el conquistado, que lógicamente va adorarlo. Capricornio se enfría enseguida que consiguió la obtención de su objeto o trofeo. En ese momento, el conquistado sentirá que Capricornio desea estar solo o que ya no le interesa más.

Esa es la clave de su conquista, te seduce y te comienza a retirar la energía de a poco como quien te va colocando en una heladera que va enfriando lentamente. Así terminas helado. Así es como luego desea y quiere estar solo, seguir trabajando y si es posible que no lo llamen mucho por teléfono.

Si te ama no te será infiel, pero esto pasa también porque no tiene mucho tiempo para empezar de nuevo con la aventura de otra cacería. Seguramente ya se embarcó en un proyecto laboral mucho más interesante que tu presencia o la de cualquier otra compañía.

CONQUISTA

El hombre

Cuando lo conozcas, enseguida te darás cuenta de que se preocupa demasiado por su trabajo, el dinero y los problemas del mundo. Piensa que él es probablemente tan firme como una roca. Tienes que saber que a él no le gustan las demostraciones públicas de afecto. Hay algo triste y casi siempre melancólico en su rostro. Uno percibe que él desea participar y divertirse con todos los demás, pero al mismo tiempo se retrae. No está acostumbrado a grandes reuniones sociales, a menos que estén relacionadas con su trabajo.

Si has conocido a alguien y estás casi convencido de que es capricorniano, comienza a conquistarlo hablándole sobre su trabajo. Él se sentirá orgulloso de hablar de ese tema o, lo que es peor, quizás sea del único tema que profundamente le interese conversar.

Si quieres seducirlo, tendrás que soportar todas las explicaciones de sus responsabilidades que le exigen sus deberes. De esta manera, no abandona su mente de su trabajo.

Si has decidido que él es tu tipo de hombre y eres inconstante, cambiante o desprolija, despídete de este señor antes que te eche. Porque sin autoritarismo, como Leo o Aries, él te hará sentir la última porquería del mundo entero y alrededores.

Otro punto es que no se te ocurra engañarlo y ocultarle algo porque los capricornianos tienen una memoria de computadora y son básicamente desconfiados. Además, no perdonan ninguna mentira.

Los hombres de Capricornio tienen fobia a la crítica, porque ellos son demasiado autoexigentes para soportarla. Mantente al margen de cualquier comentario malicioso de tu parte porque te odiarán rápidamente.

El capricorniano domina las emociones y las controla. Será demostrativo cuando él lo decida. Con todo esto, si todavía estás decida a seducirlo, puedes apostar tu vida a que será como subir a una montaña resbaladiza todo el tiempo.

La mujer

Una mujer de Capricornio tiene sus pies firmemente apoyados en la tierra. A su vez, despliegan toda su sensualidad a través de un encanto frío y calculado, pero decididamente seductor.

La mujer de Capricornio busca una pareja que sea sólo para ella. Él tiene que corresponder a sus ideales de manera muy específica. En su interior, busca secretamente a un alma gemela que le dé el perfecto ambiente doméstico en el que puedan crecer sus futuros hijos.

Ella piensa que hay que trabajar duro para alcanzar lo que se desea y, en su caso, es demasiado ambiciosa consigo misma y con el compañero.

Para conquistar el corazón de una capricorniana deberás demostrar que tienes siempre algo más porque ella tiene una estricta lista de definiciones que tendrás que satisfacer.

Una de las cosas que no tolerará de nadie son las críticas sobre su hogar y su familia. Es decididamente una mujer que ama su familia.

La capricorniana puede tener una profesión que le exija mucho tiempo. No olvides que nunca estará preparada para renunciar a sus propias ambiciones a fin de atender solamente un hogar. Pero si te ayudará a satisfacer tus propias ambiciones profesionales. Su casa estará siempre limpia y arreglada, aunque es posible que los objetos más importantes los tenga en su trabajo.

Para estar con una capricorniana tendrás que estar demasiado seguro de ti mismo para acompañarla, porque ella no será la que te siga. Eso tienes que saberlo desde ahora porque luego será demasiado tarde, no podrás abandonarla.

LA CONVIVENCIA CON LOS CAPRICORNIANOS

Para que Capricornio se quede a tu lado nunca debes:

• No tener sentido del humor ingenioso, el humor puede derretir el corazón capricorniano más frío.
• No aceptar el hecho de que la profesión es lo primero.
• Olvidarse de las apariencias y ser demasiado informal o abandonado para vestirte.
• No debes discutir nunca en público.
• No esperar grandes demostraciones de pasión ardiente.
• Quejarse siempre del tiempo que invierten en el trabajo.
• Nunca faltar a una promesa hecha.
• Criticar a su familia.
• Criticar la manera fría que tiene de hacer el amor.
• Ofender su honor y orgullo con un comentario donde se sienta desvalorizado en su propia imagen.

CAPRICORNIO Y EL SEXO

Posición en el Kamasutra

A Capricornio lo cautiva el esfuerzo y esto lo refleja en el plano erótico, por eso la posición recomendada para este signo es: Aspa de molino.

La mujer de frente con las piernas abiertas. En esta posición el hombre la penetra dirigiendo su cuerpo hacia los pies de ella y realizando movimientos circulares. El encanto especial de esta postura, es que no pueden verse los rostros. Las caricias deben ser diferentes y pueden estar localizadas en las zonas erógenas.

¿Cómo disfruta Capricornio?

A los hombres de Capricornio les encanta que su pareja le permita disfrutar sus tiempos de soledad o meditación. Adoran poder descansar de sus responsabilidades y apoyarse en alguna persona que sea confiable para él. Tener salidas sin estar atento a todo tipo de protocolo porque está harto de las fiestas de trabajo o por interés. Les divierte también disfrutar con su pareja de unas vacaciones donde puedan reírse sin que nadie los vea.

La mujer Capricornio será decidida y rara vez se la verá vacilar en lo que desea. Su obstinación es potente, especialmente cuando quiere conseguir algo que le provoca placer. Es paciente y sabrá esperar los momentos adecuados. Para sus logros es bastante organizada y se adapta fácilmente a ciertas rutinas. Esta mujer amará la vida de hogar y probablemente no mostrará mucho interés por la persona que le gusta o le provoca placer. Para seducir a una mujer de Capricornio hay que respetar sus propias costumbres y necesidades. Y además, permitir que sea tan autosuficiente como siempre deseó serlo.

¿Qué es lo que más excita a Capricornio?

Como Capricornio disfruta mucho de los encuentros eróticos, prefiere que sean naturales y no sentirse presionados por nadie. A ellos les gusta conquistar a su amante y también que lo conquisten. Pero le agradan las personas difíciles y demasiado frías a la hora de demostrar su deseo hacia su persona. Si deseas excitar a un Capricornio debes tener un halo de misterio y de indiferencia, demostrarte demasiado comprometido con otra persona, o que realmente te encuentras satisfecho en el ámbito sexual y no necesites de su presencia. Eso les encanta a los Capricornio porque tendrán otra excusa para realizar mejor el trabajo de descubrir que es lo que más le excita y le da placer.

El ritmo sexual

A los capricornianos les cuesta mucho relajarse, por eso es extraño que busquen su propio ritmo sexual. Ellos preferirán dejarse llevar por la situación. En general, tratarán de encontrar su propio ritmo cuando tengan una pareja estable en quien confiar y sentirse plenamente cómodos. Si Capricornio puede aceptar, disfrutar y amar su cuerpo es un logro erótico.

Masajes eróticos

Estos nativos son personas muy tensas hasta para hacer el amor, porque desean controlar todo lo que sucede. Si logras que un capricorniano acepte tu capacidad de dar masajes, debes realizarlo en forma perfecta y, especialmente, en su zona más sensible que es su espalda. Cuando tu pareja capriconiana se coloque boca abajo, pon tu mano derecha debajo sus nalgas como sosteniendo su cuerpo. Desliza tu mano izquierda desde la nuca hasta las nalgas y viceversa. Después, coloca la mano izquierda a la altura de los hombros y desliza la derecha hacia las nalgas. Puedes terminar abriendo los dedos de su mano y dándole una leve caricia en la espalda. De esta manera, lograrás que un nativo/a de este signo sea el más dichoso/a de los seres.

Para tener buen sexo debes . . .

Saber que este signo considera al sexo como parte de la relación y no es el eje fundamental de una pareja. Disfruta mucho de los encuentros eróticos, prefiere que sean naturales y no sentirse presionados por el otro. Le gusta que su pareja tenga experiencia y le dé libertad. También permite que su pareja sea activa. Tener una buena compatibilidad mental con el otro es lo que más lo excita.

Lo que no perdona en una relación

Capricornio no tiene problema en demostrarse enojado o rencoroso y tampoco se va a arrepentir si está equivocado en su juicio aunque no tenga razón. Ellos son muy orgullosos para decirte que se equivocaron. Por lo tanto, no admiten errores a su pareja y menos a sí mismos. Son personas muy exigentes y suelen enojarse fácilmente, sin llegar a ser impulsivos van masticando el enojo hasta que un día se paran frente a ti y no te dan demasiadas posibilidades ni explicaciones y te dicen: "Basta, me has cansado, especialmente porque no soporto tu inmadurez y tu dependencia en la relación". En realidad, eso es lo que no perdona un Capricornio.

Cómo lograr el éxtasis sexual con Capricornio

A Capricornio le gusta fascinar; no le gusta mostrarse ni vulnerable o débil. Le atraen las personas difíciles para conquistar. Si deseas ablandar a este signo puedes lograrlo con un halo de misterio y de indiferencia. Debes demostrarle mucha experiencia sexual para que él se imagine lo que tú deseas. La experiencia es un tema que lo excita. A Capricornio le gusta descubrir tu lado más débil a través de su propia trasgresión sexual.

El secreto erótico de Capricornio

Este signo, a veces, siente deseo de esconderse de sí mismo. Cuando le surgen sus impulsos sexuales reprimidos, crea un muro entre lo que siente y lo que quiere que los demás sepan. Le gusta llevar una especie de máscara para disimular sus impulsos eróticos. Las palabras secretas para conocer sus debilidades son: Independiente en su vida sexual con respecto a su pareja, le gusta experimentar sexualmente, carácter curioso y en ocasiones bisexual u homosexual, se siente después de un tiempo incomprendido sexualmente.

Cómo besa Capricornio

Le gusta controlar todo, hasta la cantidad de besos y el lugar. Disfruta mucho de los encuentros eróticos, pero no son muy demostrativos. Para que un capricorniano se descontrole tiene que suceder algo que sea muy fuerte, como una posible pérdida. Si su pareja le exige que sea más afectuoso y realmente el capricorniano/a ama y tiene miedo a separarse, puede cambiar su actitud. Pero cuando vuelve a sentirse seguro dejará de besar automáticamente. Sus besos, al principio de una relación, son muy apasionados, pero luego se va enfriando. Estos nativos pueden escribir una poesía muy profunda y romántica sobre un beso, pero no son capaces de experimentar con el cuerpo, lo que expresan en sus descripciones literarias.

CAPRICORNIO EN PAREJA

La pareja ideal de Capricornio

Como Capricornio disfruta mucho de los encuentros eróticos, prefiere que éstos sean naturales y no sentirse presionados por nadie. A ellos les gusta conquistar a su amante y, en general, les agrada las personas difíciles y frías a la hora de demostrar su deseo hacia su persona. Si deseas excitar a un Capricornio debes tener un alo de misterio y de indiferencia o que le demuestres que realmente te encuentres satisfecho en el ámbito sexual y no necesites de su presencia.

Recetas para enamorar a Capricornio

Aquí te has encontrado con el más difícil y resistente candidato a todas las recetas para enamorar. Los capricornianos tienen demasiadas exigencias y milenarias desconfianzas para poder atraparlo con el menú fácil de sexo y susurros al oído. Tendrás que dar batalla con todo tipo de exquisiteces bien preparadas y con una escenografía especial. Por lo tanto, tendrás que entrenarte en danza, humor erótico, literatura, cocina y otras actividades.

Dietas del amor para las capricornianas

No es tan difícil enamorar a una capricorniana. Tendrás que utilizar una dosis de poesía, pero esto no quiere decir que sean versos mentirosos, porque la capricorniana enseguida se dará cuenta. Mostrarte con bastante soltura económica para que asista a los lugares más refinados durante una salida nocturna y acompañar una cena con una buena serenata al mejor estilo mexicano, son condimentos indispensables para conquistar a una capricorniana.

La atracción fatal de Capricornio

- Logra un importante status para atraer a personas que son ambiciosas y muy atractivas físicamente.
- Posee agudo sentido de la oportunidad, que le permite ataer a la persona que desea en lugar y tiempo exacto.
- Goza de los encuentros eróticos y logra que la persona que ama llegue al éxtasis sexual.
- Atrae cuando experimentar grandes pasiones y saben perfectamente los gustos de su amante.

Por qué le teme Capricornio al compromiso

A Capricornio le entusiasma todo lo que no tenga que lograr con mucho esfuerzo. Cuando las relaciones se tornan demasiado simples y rutinarias, Capricornio se sentirá cómodo y hasta contento porque podrá planear sus ambiciosos negocios o sus deseos de triunfar en el trabajo. Pero en un tiempo muy limitado, el aburrimiento y el cansancio de esa relación tan estable lo llevarán posiblemente al corte, porque ellos desean acción y desafío en todos los niveles de su vida.

La zona oscura del amor para Capricornio

Tu autosuficiencia capricorniana puede provocar que todos huyan de tu lado.

¿Por qué todos los que amo me abandonan? ¿Por qué estoy rodeada de gente que no quiero? ¿Por qué nadie comprende que necesito estar solo?

Una y mil veces te cuestionas. Porque le temes enormemente a lo mismo que hace tu parte oscura cuando domina tu persona. La palabra clave es autocompasión.

¿Es imposible integrar la autosuficiencia y la compasión en uno mismo?

La respuesta está dentro de ti.

Cómo anticiparte a la reacción de tu pareja Capricornio

Tendrás que saber de antemano que su reacción, acción y pensamiento provienen de un carácter profundo, pausado, paciente y práctico; su forma de pensar en general es conservadora, responsable, reservada y racional, y en sus conductas es puntual, incansable y lógico.

Lo que más admira Capricornio de su pareja

- Que seas responsable en tus compromisos.
- Que le respetes los tiempos que se dedica a su trabajo, aunque sean las 24 horas del día.
- Que no lo llames porque lo necesitas y que cuando él llegue a la casa esté en orden.
- Que si tienen niños, seas mental para explicarles las cosas y que nunca tengas arrebatos con ellos.
- Que te pueda confiar un secreto o algo muy importante para su vida personal.
- Que tengas buen gusto para vestirte.
- Que seas moderado en todas tus cosas.
- Que respondas rápido cuando él te necesita.
- Que seas afectivo pero que nunca lo ahogues.

¿Por qué es infiel Capricornio?

Capricornio posee un espíritu práctico, por eso es raro que no sea consciente de lo que hace y mucho menos, que se precipite a realizar alguna acción que luego sea perjudicial para este signo. Cuando es infiel, lo hace desde un lugar mental y muy pensado, la persona le tiene que atraer de verdad.

Su pareja jamás llegará a dudar de su fidelidad, porque sabe disimular sus sentimientos. Capricornio, a pesar de su aparente rigidez, se permite y se da a sí mismo la libertad para hacer todo lo que le gusta, y esto incluye la infidelidad.

Cómo conquistar al hombre de Capricornio

Si sueñas con este príncipe, ¿será de sangre azul . . . ?

Si has conocido a alguien de este signo y quieres seducirlo, debes hablarle sobre su trabajo. Se sentirá orgulloso, o lo que es peor, quizás sea el único tema que profundamente le interese. Tendrás que soportar o escuchar todo lo que va a explicarte sobre sus responsabilidades y de todo lo que le exigen sus deberes. Es una manera de no apartar su mente del trabajo.

Si has decidido que Capricornio es tu tipo de hombre y eres inconstante, cambiante o desprolija en alguna cosa, puedes despedirte de este señor, antes de que él te eche.

Cómo conquistar a la mujer Capricornio

¿Podrás perseguir a esta cabra tan ambiciosa . . . ?

Una mujer de Capricornio tiene sus pies firmemente apoyados en la tierra, pero puede atraerte al instante. Uno siente su sensualidad; posee un encanto frío y calculado, pero decididamente seductor. Para seducir a una capricorniana deberás demostrar que tienes siempre algo más para darle. Porque ella tiene una estricta lista de definiciones que tendrás que satisfacer. No tolerará de nadie las críticas sobre su hogar y seres queridos. Ama formar una familia.

CAPRICORNIO EN SOCIEDAD

¿Qué perfil muestra a los demás?

Se muestra como un ser rígido, ambicioso, pertinaz y melancólico. Está concentrado en su propio destino y en sus ambiciones. Siente orgullo, es un trabajador incansable. Por su propio interés, sabe hacerse cargo de duras responsabilidades para conseguir las metas que se ha fijado con anterioridad, y nada lo desanima.

Cómo reconocer a Capricornio en la multitud

Capricornio es un signo cuyas principales cualidades, en el ámbito social, son sagaces, astutos, sabios, inteligentes y correctos. Pero, también, dejan entrever en su diálogo cierta desconfianza hacia lo que las otras personas les comentan. Un capriconiano te preguntará dos veces algo que no le parece creíble. Su aspecto será muy limpio y a la moda pero tenderá a repetir desde un perfume a un peinado. Otras de las cosas que sobresalen en este signo, su vida se centrará en su trabajo, del que hablará siempre de forma entusiasta.

Cómo funciona la energía de Capricornio

La energía de Capricornio está relacionada con llevar a cabo todos los pensamientos e ideales hacia un terreno firme y concreto. Especialmente cuando se trata de un conjunto de gente, en un marco de referencia específico. Es aquel que puede llevar a su máxima expresión, dentro de una organización que él mismo construyó, la materialización de cualquier deseo, en especial de aquellos que son colectivos. Capricornio busca como fin elevarse y a veces puede olvidar los medios para hacerlo.

Cómo se libera Capricornio

Cuando buscas la libertad puedes ser muy original, imaginativo y humanitario. Si te sientes libre no tendrás una profesión típica o estable, como suelen elegir los nativos de este signo. Posees una gran visión de futuro y buscas relaciones que te ayuden a evolucionar en el plano espiritual más que en el puramente afectivo. Podrás vivir el sexo con plenitud si encuentras siempre las respuestas en el camino de tu sabiduría interior.

Los lugares por donde elige pasear

Para que los exigentes y puntillosos capricornianos se encuentren felices tienen que programar salidas que posean las siguientes características:
- A los capricornianos nos les gusta las sorpresas, así que lo mejor es preguntarles dónde desean ir según su estado de ánimo.
- Pueden elegir una salida muy culta por ejemplo, ir a una exposición de arte clásica o escuchar una ópera.
- Pero, también, si buscan diversión pueden desear ir a bailar a la mejor discoteca recién inaugurada.

Los mejores regalos para él

Para un capricorniano, un regalo es un compromiso muy adecuado, porque él piensa que se merece todo. Desde un elemento útil para su oficina hasta un auto, estará encantado. Los seductores capricornianos son diferentes a las mujeres. Son más ambiciosos y más exigentes en todo sentido. También son muy elegantes y coquetos, así que con todo lo que sea de marca o de última moda, ellos estarán muy contentos en recibir ese regalo. Los muebles u objetos antiguos también son presentes muy propicios para este signo.

Los mejores regalos para ella

A las refinadas y exigentes capricornianas les gusta recibir regalos, siempre y cuando no signifique una responsabilidad para con el otro. Todo lo pueden llegar a vivir como una carga, hasta un obsequio que para ellas no es demasiado adecuado según la persona que se lo haga. Antes de hacerle un regalo a esta mujer, ten cuidado. Porque te pondrá a prueba; buscará saber hasta qué punto la conoces y sabes detectar sus gustos. Regalarle algo económico, puede ser un error fatal. A ellas le gustan las sorpresas, pero prefieren decirte lo que les gusta para protegerte de tu futura equivocación. Es tan exigente en la calidad, como en la cantidad del valor de las cosas.

La amistad para Capricornio

Los capricornianos son reservados con los demás y extremadamente selectivos cuando se trata de escoger amigos. Apoyarán y protegerán a sus amigos cuando estén en dificultades y celebrarán sus momentos de triunfo y alegría. Capricornio no siempre comprende las profundidades emocionales y las complicaciones de otros signos. Por esta razón, tiende a sentirse bien con personas que tengan formas de actuar parecidas a las suyas. La gente de este signo, valora la amistad con el paso del tiempo.

Cómo es el hogar de Capricornio

Los capricornianos se lo toman todo muy en serio, incluido su hogar. Normalmente son cuidadosos y bien organizados. El hogar debe proporcionar una base segura a la que puedan volver al final del día para reorganizarse. Siempre tendrá un toque personal. A Capricornio le gusta identificarse con el sitio donde se encuentra.

El día afortunado para Capricornio

Sábado: del hebreo *sabbath* que significa descanso. Antiguamente, día dedicado al dios Saturno o Cronos, el padre de todos los dioses. Los romanos le dedicaron el día sábado y las fiestas saturnales. Saturno es la fuerza irresistible del destino y el tiempo. Se le representa como un viejo vigoroso de larga barba y cabeza calva. Saturno es el planeta que rige a este signo.

¿Qué carta del tarot le corresponde a Capricornio?

Cada carta de tarot representa un arquetipo energético interno y tiene su correspondencia con tu signo del zodíaco, determinando características de tu personalidad.

Los nativos de Capricornio están representados por la Carta XV: El Diablo.

Cualidades: introspección o extroversión extrema; imaginación; ambición desmedida, voracidad en las emociones; vampirismo emocional, acontecimientos psíquicos inesperados; buscar la razón o la mente sin valorar los sentimientos.

Capricornio y el dinero

Los capricornianos no aceptan el ataque de pánico que les da la sensación de pobreza. Siendo abiertamente alpinistas sociales, explotan su genio para manipular a los demás. Siempre piensan en el dinero como una parte importante de sus vidas, tanto como el trabajo. Pero, en realidad, para Capricornio el dinero no hace a la felicidad y tampoco llena los huecos de la permanente insatisfacción de este signo.

Capricornio y las mentiras

Capricornio es un signo que vive para sí mismo más que para los demás. Por ello, no tendrá miedo a mentir y tampoco tendrá serios problemas si es descubierto, porque se las arreglará muy bien para enrollar de nuevo a la persona engañada si así lo desean. El problema que tiene Capricornio es que no le gusta que le mientan ni que lo manipulen, porque eso es lo que ellos hacen mejor que nadie y no admiten competencia.

Capítulo 11

ACUARIO: La libertad

ATRACCIÓN

Cómo seducen los acuarianos

Vamos a empezar por el final, ya que a los acuarianos les resulta muy aburrido todo aquello por lo que tengan que esperar. ¡Lo adivinaron . . . son los primeros candidatos a solteros empedernidos de todo el zodiaco! A menos que logren elaborar su orgullo individualista y acepten el sano consejo de quienes los respetan y en algunos casos los quieren, podrían sufrir el triste final de malograrse en el bando equivocado, debido a esa actitud de rebeldía hacia lo establecido. Peor aún es la otra posibilidad: terminar solos o desengañados con personas que los estafen, que los usen para un amorío ocasional.

¡Por supuesto, absolutamente seguros de sí mismos! De ninguna manera van a aceptar el pánico que tienen a comprometerse en una relación duradera, donde el otro siempre tendrá la culpa: que no los comprendió lo suficiente en sus deseos de libertad o de cambio.

En sus sueños, son los amantes del siglo. En la vida real, sin embargo, apenas pueden sostener una relación por poco tiempo. Acusan al matrimonio de ser una práctica anticuada. Son audaces a la hora de conquistar a alguien. No les importa, ni a los hombres ni a las mujeres de acuario, si el objeto a conquistar esta solo o acompañado o con diez hijos o que sea homosexual. Los acuarianos pasan por alto esos detalles, lo importante es lograr que su deseo de conquista pueda verse satisfecho.

Sólo importa el momento, el después no interesa, porque no se pueden permitir enamorarse.

Su libido opera con las mismas alzas y bajas que todos los otros aspectos en su vida. Los acuarianos seducen a ciertas personas especiales. Son seductores sólo cuando desean a alguien muy fervientemente y esa persona no los registró nunca.

CONQUISTA

El hombre

Como seducir a un extraterrestre, perdón a un acuariano. Si te interesa un acuariano, lo primero que tienes que hacer es: mirarte al espejo y preguntarte ¿Quiero una pareja? ¿Quiero a alguien para seguir estando sola? ¿Quiero estar todo el día pensando que el hombre que amo me engaña? ¿Solamente quiero vivir una aventura? Puedo comentarte con detalles como conquistar a este espécimen de hombre tan extraño que has elegido para seducir.

Hay algunos datos que quizá te ayuden a ver cumplida tu ardua tarea. Con frecuencia le resulta terriblemente difícil demostrar sus sentimientos, aunque esté en el mayor de los romances. Esa frialdad e indiferencia quizás sea porque te ame o porque te odie, eso es difícil de saber, porque siempre estará más ausente que a tu lado, como para preguntarle algo. La falta de puntualidad suele ser uno de sus defectos, porque siempre se encontró con un amigo más importante con el que tenía que conversar de algo sumamente serio y problemático. También puede ser que haya llegado dos horas tarde a la cita, cuando a ti el maquillaje se te corrió y la pollera está totalmente arrugada, porque tenia cosas más importantes en qué pensar (o que, por lo menos, son más importantes que tu presencia).

Si piensas en una relación futura y que a lo mejor una relación más formal los puede cambiar, te equivocas, ya que a veces los empeora.

¿Qué hay en su interior que lo hace tan rebelde? ¿Tiene miedo de comprometerse, tienen miedo a una desilusión? Lo que sucede es que le preocupa tanto ser único, que a veces provoca el rechazo de la persona que ama, como forma de probar hasta donde puede soportarlo sin abandonarlo. Claro que estas pruebas ni Hércules las resiste.

Si todavía quieres seducirlo muéstrate intelectual, independiente o preocupada por el mundo en general, como para prestarle atención a la persona que está a tu lado. Que básicamente no quieres retenerlo, debe pensar que eres totalmente autosuficiente. Nunca debes darle señales de celos porque huirá sin que te des cuenta. En síntesis, lo mejor que te puede pasar es que lo tengas de amigo o de amante.

La mujer

Es posible tener una relación feliz con una mujer de Acuario, con la condición que la dejes en libertad, para atender a sus múltiples intereses y circular entre sus amigos.

Jamás pretendas que siga una línea conservadora, como estar en la cocina o en la cama haciéndote alguna clase de mimos. La mujer de Acuario, en medio de una velada que te habías propuesto algo romántica, podrá decidir irse a meditar en medio de la fiesta y te dejará solo sin importarle demasiado tus deseos.

Su amor puede ser tierno, pero habrá siempre algo fugitivo, porque ella reclamará con insistencia su libertad.

Cuando salgas para atrapar en tu red a esta mujer, recuerda que no soporta a las personas que se mienten a sí mismas.

Si lo que buscas es una mujer pasional, te has equivocado de signo, la pasión no es su fuerte. Necesita, como el hombre de Acuario, experimentar e investigar, y también alimentar sus más locas fantasías.

Cuando te encuentres con alguna mujer de Acuario, lo primero que pensarás es que es un tiro al aire. Pero en realidad se adaptan a todos los niveles de la sociedad.

La acuariana típica jamás te perseguirá cuando te vayas, ni llamará a la oficina a ver si estás, no le interesa tanto lo que haces, pero si descubre una infidelidad puede dejarte en un segundo.

Es raro que la ausencia haga más intenso el amor de una mujer de Acuario. Si quieres seducirla haciéndote el indiferente, sólo ganarás más indiferencia. A las mujeres de Acuario no les molesta ser camarada de ex amantes: ha olvidado el pasado y no le interesa lo que fue, está viviendo en el futuro. Si quieres seducirla, coméntale deseos tuyos para el futuro, ella estará fascinada.

En estadísticas casi seguro la mayoría de las mujeres divorciadas son de Acuario, si una situación se hace intolerable o demasiada intensa, la naturaleza de Acuario se enfría súbitamente, y de la noche a la mañana deciden separarse.

LA CONVIVENCIA CON LOS ACUARIANOS

Para que Acuario se quede a tu lado nunca debes:
• No asegurarse de tener muchos temas interesantes de conversación.
• No asegurarse de que sienta que es una buena amiga/o.
• No recordar que le gustan las sorpresas.
• No buscar una buena ocasión para aplicar algunas ideas interesantes e insólitas.
• Nunca obligar o presionar con mucha anticipación a una persona de Acuario a concretar momentos y lugares.
• Hacer una escena porque están vestidos extravagantes.
• No respetar a los Acuario cuando no están de humor.
• Insinuar demasiado pronto el compromiso, de hecho no insinúes nunca que deseas hacerlo.
• Ser del tipo absorbente, los acuarianos necesitan sentirse libres.

ACUARIO Y EL SEXO

Posición en el Kamasutra

Al signo de Acuario le encanta las novedades y sorpresas. Esto lo refleja en el plano erótico y por ello la posición recomendada para este signo es: La sorpresa.

El hombre de pie, toma a la mujer por detrás y la penetra tomándola de su espala por la zona de la cintura. Ella se dobla hasta apoyar sus manos en el piso y siente que la toman por sorpresa. Aquí el hombre, puede dejarse llevar por el impulso de no manejar su deseo.

¿Cómo disfruta Acuario?

El hombre Acuario disfruta de largas charlas con sus amigos y que su pareja se acople a él como una amiga más. Disfruta de una mujer que sea sensual pero donde no se sienta obligado a conquistar o estar atenta a sus requisitos. Estos hombres también necesitan a veces volar en fantasías adolescentes o conquistas lujuriosas. Lo que más disfruta este hombre es de hacer algún tipo de deporte o salida donde tenga algo de riesgo, o donde sienta que está saliendo la protagonista de una película de suspenso.

La inteligencia de la mujer acuariana sumada a sus deseos de libertad, la lleva a superar cada una de sus limitaciones. Es una mujer especial y distinta que se asombra con facilidad con todo lo que descubre a su alrededor. Para provocarle disfrute permanente es importante darle sorpresas. Otra característica es que no se amolda a ningún mandato que su lógica y sus propias leyes personales no aprueben. Lo importante es razonar y comprender que, para que una acuariana se entregue y se abra nunca debe sentir ningún tipo de imposición, y menos en el amor.

¿Qué es lo que más excita a Acuario?

A Acuario todo lo que sea excéntrico, rápido y de manera intensa, es lo que más le gusta. También esa forma veloz de hacer el amor y en un lugar con riesgos, como una oficina o un baño público, puede fascinarle a este extraño nativo. El amor es para él un misterio que nunca va a terminar de comprender porque se sentiría atrapado. La mayoría de los acuarianos sienten una especie de claustrofobia a las relaciones duraderas. Todo lo que represente libertad, trasgresión o revolución a ellos les excitará tanto como a un niño un juguete nuevo.

El ritmo sexual

Este signo tiene una forma tan natural de conectarse con su cuerpo que les permite sentir excitación con gran facilidad. Su mentalidad abierta con respecto al sexo es tan intensa que pueden practicar el ritmo sexual en forma casi pública. Los acuarianos necesitan encontrar un ritmo sexual sumamente atractivo para experimentar con muchas personas a la vez. Por ello, son originales para crear fantasías y también son geniales para inventar distintos movimientos con su propio ritmo.

Masajes eróticos

Los acuarianos son por naturaleza eléctricos, así que es muy difícil lograr que se relajen. Si deseas darle un masaje erótico y conquistar a esta persona tan singular, debes recordar que su zona más erógena está relacionada a sus piernas y, especialmente, a sus tobillos. Comienza el masaje sujetando el pie con una mano y con la otra comienza a formar un círculo (con ayuda de tus dedos pulgar e índice) alrededor del muslo. Desciende poco a poco. Repite esta operación varias veces y cambia de pierna. Dedica por lo menos 3 minutos a masajearlo suavemente y sensualmente. Observarás cómo la carga eléctrica se va descargando hasta lograr que tengan un deseo totalmente sexual y apasionado hacia tu persona.

Para tener buen sexo debes . . .

Satisfacer todos sus deseos de manera intensa y veloz, especialmente a través de juegos eróticos altamente estimulantes. Necesitan rituales y fantasean con la posibilidad de tener a más de una persona durante el acto sexual. Es importante crearle fantasías para que piensen que el mundo los acompaña o los mira mientras hacen el amor.

Lo que no perdona en una relación

Un nativo de Acuario jamás debe sentirse comprometido, por lo tanto no te perdona cuando lo presionas y él, claramente, te está pidiendo por todos los medios que están a su alcance que no lo hagas. No te perdona un acuariano que trates mal a sus amigos. Ni que invadas su intimidad, él tiene su propio mundo en una caja de cristal y no le gusta que lo molesten. Le encantaria tener dos cuartos en una casa y dormir contigo sólo si tiene ganas y luego, cuando se retira no saludar. Le encanta al acuariano simular que está con un desconocido, aunque seas su pareja de toda la vida, por favor no le recuerdes muy seguido esto último.

Cómo lograr el éxtasis sexual con Acuario

La forma más seductora de hacer el amor con un acuariano es realizar una especie de ritual. Lo mejor es elegir un lugar prohibido o con cierto riesgo de que los descubran. Todo lo que represente libertad, creatividad o revolución será perfecto para estos nativos tan especiales a la hora de la conquista. Pero es difícil que se muestren vulnerables, no lo esperes nunca.

El secreto erótico de Acuario

En sus aventuras amorosas a escondidas, se expresa sus instintos creativos y románticos. Es posible que domine sexualmente a su pareja. Desea que se le preste toda la atención y se siente atraído por cualquier persona que le presente el más leve matiz de atracción sexual. Las palabras secretas para conocer sus debilidades son: egocéntrico y muy sexual, desarrolla firmes valores morales, necesita desahogar la frustración sexual en su pareja, conoce el amor impersonal por eso puede tener relaciones ocasionales y rápidas.

Cómo besa Acuario

Quiere satisfacer sus deseos de manera intensa y veloz. No le gusta perder tiempo ni hacer grandes demostraciones de afecto. Para ellos dar un beso cortito en la boca, es sinónimo de amistad. Por eso besaran a su mismo sexo de esa forma sin ninguna culpa, si consideran que aman a sus amigos sean tanto hombres o mujeres. El beso es una forma de juego de seducción para los acuarianos. Pero no es lo que le excita o le provoca pasión. Son en realidad los besadores más livianos del Zodíaco. Ellos le dan importancia a estimular otras partes del cuerpo, más concretas y erógenas.

ACUARIO EN PAREJA

La pareja ideal de Acuario

A Acuario todo lo que sea excéntrico, rápido y de manera intensa, es lo que más le gusta. También esa forma veloz de hacer el amor y en un lugar con riesgos, como una oficina o un baño público, puede fascinarle a este extraño nativo. El amor para él es un misterio que nunca va terminar de comprender ni abarcar, pero les encanta este sentimiento porque los acuarianos sienten una especie de claustrofobia a las relaciones duraderas. Todo lo que represente libertad, trasgresión o revolución a ellos les excitará tanto que recordarán esa experiencia sexual siempre y la usarán como punto de comparación.

Recetas para enamorar a Acuario

La mejor receta para un acuariano es implementar todo tipo de variedades de amor y sexo. No coloques muchos ingredientes de romanticismo, porque este hombre es un poco arisco tanto a lo dulce como a lo tierno. Lo peor que puedes hacer es caer en la rutina. Debes susurrarle todas tus fantasías eróticas y entregarlas por completo. Tienes que contarle cada detalle con la credibilidad suficiente, para que él sienta que realizas tus fantasías exclusivamente con él.

Dietas del amor para las acuarianas

Las acuarianas son mujeres que se cansan o se agobian con demasiada facilidad, especialmente con las personas muy dependientes de la relación. Por lo tanto, en este caso, debes aplicar una dieta simple pero con gran dosis de paciencia, suficiente para chequear todos los días cuál es la porción de alimento de amor y sexo que ella quiere consumir. Lo mejor es ejecutar un menú liviano pero con sexo intenso y regalarle una buena ducha caliente con masajes. También, no dejes de lado algún tipo de técnica oriental diferente, por lo menos dos veces por semana, para hacer el amor de una forma más original cada día.

La atracción fatal de Acuario

- Su forma natural de conectarse que permite que los demás sientan amor por él con facilidad.
- Su mentalidad abierta a todo tipo de propuestas e ideas atractivas para los demás.
- Son originales y puede crear vínculos para el amor tan divertidos como fatales.
- La libertad con la que se mueven provoca gran admiración en las personas que desea conquistar.
- Gran apertura sexual para experimentar diferentes niveles de placer en la pareja.

Por qué le teme Acuario al compromiso

Si piensas o imaginas que una relación futura o muy formal con alguien de Acuario, pues te equivocas. El miedo de los acuarianos a la rutina, a la falta de creatividad y a la evolución es tan grande que pueden evitar, de todas las formas posibles, el concretar una relación, donde intuya que se dan esos componentes. El acuariono/na necesita fantasía sexual, una dosis de amistad, confianza y fundamentalmente, su temor más poderoso es a no sentirse libre en una relación comprometida.

La zona oscura del amor para Acuario

Más allá de lo que sientes por las personas que amas, cuando funciona tu parte oscura aparentas ser: intolerante, excéntrico, obstinado sin motivos. Tiendes a llevar la contra a todo y todos. Te aparecen reacciones imprevisibles y escandalosas ante los demás. Tienes una actitud fría ante cualquier manifestación de afecto. No te comprometes en las relaciones.

¿No será que estás llamando la atención como un niño?

Cómo anticiparte a la reacción de tu pareja Acuario

Tendrás que saber de antemano que su reacción, acción y pensamiento provienen de un carácter amistoso y liberal, tendiente a los amores platónicos. Mentalmente es atrevido, autodidacta, independiente y original; y en sus conductas suele ser comunicativo, revolucionario, desprendido y le gusta cooperar con los demás.

Lo que más admira Acuario de su pareja

• Que respetes su soledad.
• Que no quieras invadir su mundo interior y sus sentimientos, aunque te parezcan extrañas sus actitudes.
• Que respetes el tiempo que desea estar con sus amigos.
• Que lo ayudes y lo acompañes cuando observes que lo necesita, aunque no te lo pida.

- Que le des seguridad afectiva.
- Que pueda volar con su imaginación sin que nadie lo baje a tierra.
- Que le permitas sentirse libre y, a veces, sin demasiadas presiones afectivas.
- Que no le cuestiones lo que él no quiera comentar.
- Que tengas sorpresas o novedades para deslumbrarlo todos los días.

¿Por qué es infiel Acuario?

Este signo, en general, tiene reacciones imprevisibles y escandalosas para algunas personas. Suele demostrar una actitud fría ante cualquier manifestación de afecto. Por este motivo, puede tener muchos amantes y mantenerlos, sin preocupación alguna. Como no soporta mucho la intimidad con la pareja, necesita tener varias personas en el plano sexual o por lo menos en la fantasía.

Los acuarianos son infieles porque no creen que las personas o las relaciones estén basadas en la propiedad o la posesión. Se debe aclarar que esto es válido siempre y cuando Acuario no sea la víctima.

Cómo conquistar al hombre de Acuario

¿Podrás seducir a este extraterrestre . . . ?

Si realmente lo deseas, lo primero que tienes que hacer es mirarte al espejo y preguntarte con sinceridad a ti misma: ¿deseo una pareja?, ¿deseo estar todo el día torturándome y pensando que el hombre que amo, me engaña? ¿O solamente quiero vivir una aventura?

Después de ser franca contigo misma, te darás cuenta que al hombre de este signo con frecuencia, le resulta muy difícil demostrar sus sentimientos, aunque sienta el más grande amor por ti. Cuando logres que te invite a salir, eso si será fácil, en la primera cita tienes que hacerle creer que con él puedes estar en el mejor de los mundos y al instante fugarte para que te vaya a alcanzar. No va a ser fácil tu tarea, salvo que seas de otro planeta.

Cómo conquistar a la mujer Acuario

¿Podrás seducir a esta fugitiva . . . ?

Es posible tener una relación feliz con una mujer de este signo, siempre que le respetes su libertad, que pueda atender sus intereses y amigos. Jamás pretendas que siga una línea conservadora, como estar en la cocina o en la cama haciéndote mimos.

La mujer de Acuario puede meditar en medio de una fiesta y dejarte solo, sin importarle demasiado tus deseos. Su amor puede ser tierno, pero siempre tendrá cierta tendencia a fugarse, es su forma de reclamar independencia.

ACUARIO EN SOCIEDAD

¿Qué perfil muestra a los demás?

Se muestra como una persona llena de dinamismo, rapidez y originalidad en sus manifestaciones. El grupo o el equipo son básicos para su expresión. Se integra con facilidad en los proyectos y realizaciones de los demás. La amistad es necesaria para su vida como el aire que respira.

Cómo reconocer a Acuario en la multitud

Al acuariano se le reconoce por su excentricidad, en el modo de expresarse y de vestirse. En general, siempre están a la vanguardia de todo. También por su forma original de comunicarse con el resto de las personas, a veces lo hacen de modo muy amistoso, en cambio otras veces se muestran demasiado vanidosos. Un acuariano, aunque sea muy soberbio, no busca aprobación sino que necesita ser diferente y único en todo lo que hace o dice. Este signo se relaciona de una forma bastante mental y a veces esto los hace parecer un poco fríos. Otras de las cosas que permiten reconocer a Acuario es su gran talento para aquello en donde deposita su energía, puesto que, en general, se destacará sobre los demás.

Cómo funciona la energía de Acuario

Tiene una tendencia natural a descubrir lo nuevo y lo diferente. Cambia de un estado anímico a otro con mucha facilidad. Es muy sociable. Tienen la capacidad de adaptarse a las circunstancias más diversas. Poseen una intuición sobresaliente y su necesidad de comunicar los lleva a convocar con facilidad a los integrantes del medio en que se desenvuelven. Posee una energía que puede ver mas allá del tiempo y el espacio concreto. Pero debe cuidarse del delirio y dejar de creer que sabe todo.

Cómo se libera Acuario

Asocias la libertad con la amistad, por eso compartes momentos con múltiples y originales personas. Te gusta ser parte de grupos, ya sean políticos, ecológicos o aquellos donde puedas proyectar tu rebeldía. Tienes mucha facilidad para hacerte de amigos aunque tus relaciones, en su mayoría, no son muy profundas ni duraderas. Temes demasiado atarte a las personas o depender emocionalmente de alguien. Debes darle tanta importancia al compromiso como a la libertad, para así tomar un compromiso con tu propia persona y llegar a ser un ser integrado, en todos los planos de tu vida.

Los lugares por donde elige pasear

Para que los sorprendentes y extravagantes acuarianos se encuentren felices tienen que proyectar salidas que posean las siguientes características:

- Todo lo que sea nuevo y distinto les fascinará, desde ir a ver un desfile de ropa de última moda hasta una explosión de arte de vanguardia.
- Lo más importante para estos nativos es salir en grupo, principalmente en compañía de sus amigos. Ya que ellos necesitan de su banda para sentirse de primera.

Los mejores regalos para él

Para el revolucionario acuariano todo obsequio es bueno, pero a la hora de recibir un regalo se tornará, de repente, super tímido; y de esa personalidad arrolladora que lo caracteriza, se convertirá en un segundo en un bebito confundido. Como en el caso de la acuariana, todo lo que sea prendas de vestir les encanta.

Les fascina el estilo de ropa rústica e informal, desde una bufanda tejida en telar hasta un abrigo o camiseta de última moda.

Los mejores regalos para ella

A estas mujeres tan especiales les gusta todo lo que sea extremadamente moderno y original. Desde una prenda o accesorio hippie, hasta el color flúor en su ropa. Lo excéntrico, extravagante y estridente le encanta. Desde una remera a un auto, siempre que respete estas características. Ella quiere sobresalir de la gris sociedad y demostrar que es libre de todo concepto estético tradicional.

Para estas divertidas mujeres es importante ser "únicas y mejores", aunque lleguen al ridículo. Lo importante es que sea novedoso, aunque no sirva para nada.

La amistad para Acuario

Acuario es el signo de la amistad por excelencia, porque valoran mucho a sus amigos. Sin embargo, tiene como característica una extraña mezcla de necesidad imperiosa de amistad y al mismo tiempo de alejamiento. A veces, sus amigos se sorprenden ante las actitudes cambiantes del acuariano. Esta actitud de poner distancia o de desaparecer por un tiempo, tanto en la amistad como con el amor, confunde el enfoque de sus amigos hacia este signo. Por eso, no siempre los amigos de los acuarianos consideran a estos demasiados confiables o profundos para abrirse de verdad.

Cómo es el hogar de Acuario

Si los asuntos del hogar de un acuariano se ponen difíciles o si tienen conflictos con sus familiares, son perfectamente capaces de hacer su equipaje y marcharse, sin avisar con demasiada antelación a las personas que los rodean. Son individualistas. Aunque muchos se casan, no tienen demasiado interés en los detalles de su hogar y sus comodidades tradicionales.

El día afortunado para Acuario

Sábado: del hebreo *sabbath* que significa descanso. Antiguamente, el día dedicado al dios Saturno o Cronos, el padre de todos los dioses. Saturno regía a este signo en la astrología clásica. En la actualidad, el planeta Urano es el regente de Acuario. Urano es la representación del cielo y, simbólicamente, es un estado mental y no un lugar físico. Representa un reino al que se llega mediante la intuición.

¿Qué carta del tarot le corresponde a Acuario?

Cada carta de tarot representa un arquetipo energético interno y tiene su correspondencia con tu signo del zodíaco, determinando características de tu personalidad.

Los nativos de Acuario están representados por la Carta XVII: La Estrella.

Cualidades: nuevos comienzos; el inicio de un nuevo ciclo de actividad; inocencia e ingenuidad; optimismo que no se ve afectado por los acontecimientos pasados; pureza de intención; actos y pensamientos claros; modos no convencionales de mirar las cosas.

Acuario y el dinero

Su búsqueda de independencia económica lo lleva a actuar a veces en forma brusca y repentina. Sus logros materiales están bajo el signo de la sorpresa y, por ello, no le gusta explicar sus proyectos económicos. Distiende y tensa con mucha rapidez su relación con el grupo que trabaja. Según se cumplan o no sus proyectos financieros suelen echarle la culpa de los fracasos a sus propias limitaciones personales. La ingeniosidad y la rapidez de Acuario para adaptarse a situaciones nuevas es la clave para comprender las inversiones o especulaciones financieras que realice con su dinero.

Acuario y las mentiras

A los acuarianos no les gusta mentir porque aman la justicia. Ellos prefieren perder una amistad o a la persona que aman antes que amparar una mentira. Pero, cuando Acuario esté resentido con su pareja o amante, no le mentirá pero sí ocultará toda la información que pueda usarse en su contra; es decir, se mantendrá en silencio, tanto de las cosas buenas como de lo malo y para algunos signos, ocultar es como mentir.

Capítulo 12

PISCIS: La conexión divina

ATRACCIÓN

Cómo seducen los piscianos

Los piscianos parecen disfrutar de las relaciones difíciles y confusas. Son los que más caen en las trampas de la seducción. Desgraciadamente, resultan tan fácilmente lastimados que, con frecuencia, salen de una relación llenos de heridas y con los sueños rotos. Muchos piscianos también ven a sus amantes de color rosa, negándose a admitir que su idealizada pareja, en definitiva, no es más que un ser humano. Como consecuencia de ello, a veces cierran un ojo frente a las transgresiones. Así es como a veces pueden convertirse en víctimas de relaciones destructivas, sin darse cuenta de ello.

Las historias de amor son la esencia del romanticismo para los Piscis. Nada les gusta más que escapar de su rutina cotidiana hacia un mundo de ensueño. Probablemente sólo serán infieles en su imaginación, porque son capaces de montarse fantasías sobre dramáticas historias de amor que en realidad no existen.

Los piscianos se conforman con vivir en un mundo de ilusiones, convencidos de que un día un príncipe azul o una princesa rosa lleguen sin que hayan hecho nada para lograrlo. Eso quizás suceda en los cuentos de hadas, pero en la vida actual es muy diferente. Si bien resulta maravilloso encontrar a alguien tan romántico, te convendría tener algo más de sentido común.

Lo peor es que en general pasan por alto los engaños por no querer ver lo que para el resto de la gente es evidente. Como poseen una gran intuición, aprenden a servirse de ella para protegerse. Tratan de apoyarse en ellos mismos. No piensan demasiado en el futuro, sólo se limitan a vivir en su propio mundo. Seguramente están dotados con una creatividad especial, pero siempre tienen tendencia a subestimarse.

CONQUISTA

El hombre

Durante mucho tiempo los astrólogos han dicho que los piscianos ven el mundo color de rosa. Ese hombre es a menudo un misterio incluso para sí mismo.

Es un actor que siempre siente que está viviendo su propia novela en el escenario que él mismo va creando.

Cualquiera que sea la forma de cómo se comporte exteriormente, en su interior está buscando un alma gemela. No quiere una función de una noche, sino un compromiso desde el principio. El inconveniente está en que a menudo se engaña a sí mismo, porque se enamora y se fascina fácilmente. Pero también se desilusiona con la misma facilidad. Tanto desea enamorarse, que ello puede ocurrir demasiado pronto y estará construyendo sus propios castillos en el aire antes de que ustedes lleguen a conocerlo bien.

Si te enamoras de un pisciano ambos olvidarán probablemente a todos los demás por un tiempo y sólo tendrán ojos para mirarse uno al otro. Pero cuando el pisciano intuya que no eres el centro de su interés puede llegar a deprimirse bastante. El principal obstáculo es la realidad. Él puede escapar de ella con gran facilidad. No lo acuses de nada en forma injusta. Recuerda que es un alma sumamente sensitiva y demasiado susceptible. Quedará profundamente lastimado por una observación o una acción hiriente. Puede hasta parecer demasiado débil. Le gusta recibir pequeños obsequios que hayas elegido con mucha dedicación.

La mujer

Recuerda que una pisciana necesita un ambiente romántico para ser conquistada. De otro modo empezarás con desventaja.

Si crees que conquistar a esa mujer puede ser pan comido, estás muy equivocado. Es probable que ella se haya desilusionado una o dos veces en su vida y podría ser mucho más prudente ahora.

Demasiados hombres dieron por sentada su dulzura e inocencia, y jugaron con otras mujeres, sabiendo que ella estaría esperando con los ojos brillantes cuando al fin ellos retornaran. Si eso ha ocurrido, ella no va a permitir que se repita. Sin embargo, necesitará a alguien que tenga una gran dosis de fuerza interior y que pueda alegrar sus días cuando se sienta deprimida. Alguien que nunca hiera sus sentimientos. A veces cree que son las únicas personas del mapa que tienen sentimientos.

Son muy despistadas y hasta desorganizadas, pero de algún modo tendrás que arreglarte para impulsarla a organizarse algo mejor. La mujer de Piscis odia las discusiones, no le gusta que la molesten y sobre todo aborrece cualquier forma de crueldad. Necesita muchísimo aliento y apoyo para impulsarla a ser un centro de atención.

Sabe apreciar la belleza y eso le permite elegir la moda perfecta para su propia personalidad, para realzar ese ambiente romántico que la rodea.

Cuando la conoces presenta una personalidad fuertemente independiente, pero después de haber hablado durante un rato percibirás ese atractivo de niña desamparada que posee.

El arte de la seducción debe ser muy afinado para cautivar su corazón y, puesto que es un alma tan sentimental, nunca te atrevas a olvidar su cumpleaños, el aniversario del primer encuentro, el cumpleaños de su perro o gato y sus flores favoritas.

Le agrada que la lleven a pequeños restaurantes íntimos, en el que suene su música favorita y haya velas en las mesas.

La mujer de Piscis puede ser a veces terriblemente indecisa, hasta perezosa y estará absorta en sus propias entonaciones cuando te sientas dispuesto a hablar del alza de los precios del oro.

LA CONVIVENCIA CON LOS PISCIANOS

Para que Piscis se quede a tu lado nunca debes:
- No estar atento a sus reclamos.
- No decir palabras románticas.
- No dar la impresión de ser tierno y compasivo.
- No demostrar que es lo suficiente fuerte para soportar sus cambios.
- No demostrar que no eres sensible con los niños y los animales.
- No herir nunca sus sentimientos.
- No dar la impresión de que el amor es sólo un juego.
- No mirar a alguien más cuando está con Piscis.
- No tener un sentido estético o artístico.

PISCIS Y EL SEXO

Posición en el Kamasutra

A Piscis lo magnetiza vivir la vida como un sueño y esto lo refleja en el plano erótico, por eso la posición recomendada para este signo es: La somnolienta.

La mujer se tiende de costado y el hombre se ubica en su espalda para penetrarla. Ella estira una pierna hacia atrás y la enrosca en la cintura de él. La sensación es que la mujer se siente protegida y ambos pueden soñar con el placer más increíble.

¿Cómo disfruta Piscis?

Los hombres piscianos disfrutan de los momentos apasionados y necesitan estar siempre en un marco romántico. Sueñan con las historias que parezcan imposibles de cumplir, porque tienen una gran carga edípica emocional que les provoca miedo de cambiar. Estos hombres tan misteriosos también disfrutan de las mujeres que no tengan un acceso directo y que sean complicadas para conquistar.

La mujer de este signo tiene preferencia por vivir en el mundo de fantasías. El mundo real a veces le provoca temor y confusión. Por eso prefiere refugiarse en su propio universo de ilusiones. Es importante acompañarla y trasmitirle apoyo. La confianza es la regla de oro. Porque de alguna manera, a pesar de ser adulta, nunca va a abandonar del todo ese mundo infantil donde se siente cómoda y tranquila. Darle placer va a ser una de tus mejores técnicas de conquista para seducir a esta eterna romántica soñadora. Genera sueños con temas románticos y ella sentirá que vuela de placer.

¿Qué es lo que más excita a Piscis?

Los típicos piscianos buscan al príncipe azul de los cuentos y si tú le haces creer eso a una dama de este signo se sentirá ya en una nube de maravillas y será la reina del cuento. A los hombres de este signo les agrada la mujer femenina y muy magnética. El sueño dorado de un hombre pisciano es vivir una película donde su protagonista femenina sea una mujer fatal, que se acerque a él y le susurre al oído, con un cigarro largo en sus manos y le diga que lo desea. Los piscianos, en general, son bastante pasivos así que con que le adivines más o menos por donde pasa su fantasía casi infantil ya los tendrás fascinados y rendidos a tus pies.

El ritmo sexual

Los hombres y mujeres de este signo son excesivamente románticos. Necesitan encontrar su propio ritmo sexual y sentir gran fascinación por ello. Pero, a su vez, como tratan de entregarse plenamente a su pareja, buscan encontrar en su cuerpo el mismo ritmo que el de su amante. Esta conjunción de ritmos sexuales, le permitirá sentir mucho placer y llegar a percibir sus zonas erógenas más profundas.

Masajes eróticos

Piscis es el signo más mimoso del zodíaco, porque las demandas de afecto de estos nativos, son infinitas y eternas. Todo lo que sea una demostración de amor, les vienen a ellos como anillo al dedo. Su zona de mayor energía sexual son sus pies. Por eso, es bueno que si tienes una pareja pisciana, aprendas los puntos reflejos o puntos reactivos que se manifiestan en los pies. Darle un buen masaje en círculos a los pies es, para un pisciano, un pasaporte casi al matrimonio.

Para tener buen sexo debes . . .

Entender que los piscianos sexualmente tienden a la adicción si es que están desequilibrados. Buscan como compañero a una persona emocional, sensible y fiel, pero por esa búsqueda obsesiva suelen encontrarse con personas frías y calculadoras.

Lo importante es alimentar su imaginación y fascinarlo con sorpresas siempre.

Lo que no perdona en una relación

Los piscianos son muy rencorosos, aunque aparezcan como magnánimos no te perdona lo que él considera una ofensa. ¿Cuál puede ser el motivo que enoja a un pisciano? Muchos tantos como los que pasen por tu imaginación o no. Cambios permanentes de humor y de estados de ánimo es lo que provoca sus constantes enojos o sentimientos negativos. A veces, puedes tener la sensación de tener que utilizar guantes de terciopelo para que no se enoje. Especialmente los días que están tan cambiantes como el océano. Lo que nunca te perdonará Piscis es que le seas indiferente.

Cómo lograr el éxtasis sexual con Piscis

Para convertir en vulnerable a estos nativos tendrás que tener en cuenta que el pisciano busca la magia femenina o masculina. Las mujeres de este signo buscan una especie de fascinador o hipnotizador que las lleve a la cama en un estado de encantamiento. Los piscianos de ambos sexos son bastante pasivos, por eso les gusta que el otro tome la iniciativa, hasta tienen la fantasía en muchos casos de una especie de violación amorosa y quedan como embrujados por alguna trasgresión sexual.

El secreto erótico de Piscis

El pisciano se identifica con la pura esencia de la aventura amorosa. Vive en un sueño de amor sin límites. Puede disipar fácilmente sus energías esforzándose demasiado en tratar de complacer a su pareja. Las palabras secretas para conocer sus debilidades son: Intrigante, a veces masoquista, se pierde en sueños eróticos y pasa períodos de ensueños, en ocasiones puede llegar a la perversidad y a la adicción sexual, idealiza a su pareja, relaciones maritales estrictas.

Cómo besa Piscis

Los piscianos son tan románticos que para besar o para amar, empalagan como un kilo de dulce de leche. Sus besos son prolongados y son especialistas en seducir con éstos. Son mimosos hasta pedir por favor que se alejen, porque ganan por insistencia con sus demostraciones de afectos. Son capaces de dar besos hasta cuando hablan por teléfono. Cuando no son correspondidos, reclaman los besos que no le dan y también los que desean dar. Pueden suspirar por un beso horas y horas. Los soñadores piscianos sueñan con besar desde que son muy pequeños a sus futuros amantes. Estos nativos observan películas románticas o novelas de TV, donde los protagonistas se besan y son capaces de llorar de emoción en cada beso que se dan en la ficción. Se podría afirmar que estos nativos son adictos a los besos.

PISCIS EN PAREJA

La pareja ideal de Piscis

Las típicas piscianas buscan al príncipe azul de los cuentos. Por eso, si tú le haces creer eso a la dama pisciana se sentirá en una nube de maravillas y será la reina del cuento. A los hombres de este signo les agrada la mujer femenina y muy magnética. El sueño dorado de un pisciano es vivir una película donde su protagonista femenina sea una mujer fatal, que se acerque a él y le pregunte al oído lo que desea. Los piscianos, en general, son bastante pasivos, así lo importante es que su pareja adivine su fantasía sexual y trate de concretarla. De esta forma, los tendrás fascinados y rendidos a tus pies para siempre.

Recetas para enamorar a Piscis

Los piscianos son muy soñadores e idealistas, así que te colocarán en un pedestal a los 5 minutos de conocerte. La dieta para enamorarlos es que le mantengas un menú prolongado de caricias, especialmente en la zona de sus manos y pies. Una dosis de cenas pasionales con muy poca luz y música romántica, le encantará al pisciano. Lo más importante es que te mantengas siempre muy coqueta y con ropa muy sexy exclusivamente diseñada para él, porque este hombre es muy celoso y no te permitirá que te muestres muy sugestiva en público.

Dietas del amor para las piscianas

A las piscianas les provoca mucho amor que, luego de que hayas intimado con ella, les regales una vez por semana una dieta rica en baños repasando su espalda con una esponja especial. El jabón que debes utilizar tiene que ser una receta que incluya miel y oleos aromáticos, para que ella se excite y se sienta una diosa griega. Recuerda que también las mujeres de este signo son muy melancólicas y necesitan demostraciones de amor mediante regalos concretos, por ejemplo flores o todo tipo de indumentaria íntima. Cuando realices la dieta para enamorarla, trata de aplicarla cuando tus sentimientos sean sinceros y verdaderos, porque en el caso de que la abandones, la puedes llevar a un pozo depresivo muy serio.

La atracción fatal de Piscis

- Son románticos fatales para fascinar a los demás.
- Su sensual forma de seducción logra atraer a los que desean conquistar.
- Apasionados y extremadamente dedicados a la pareja.
- Son soñadores empedernidos en lograr sus fantasías más fatales.
- Su capacidad de entrega hacia la pareja y la comprensión por el sufrimiento del otro.

Por qué le teme Piscis al compromiso

Piscis desea tanto comprometerse en una relación como escaparse de la misma, porque tiene temor a todo. Su compleja naturaleza puede confundir hasta al más equilibrado de los seres. Pero en sus fantasías más milenarias existe el romance perfecto, ese que sólo se puede leer en los cuentos de hadas. A lo que más le teme los piscianos, es a la realidad. Por eso, trata de evitarla de todas las maneras posibles, aunque en esta acción esté perdiendo la posibilidad de ser realmente feliz.

La zona oscura del amor para Piscis

Piscis, por tus excesos de emociones en conflicto, dentro de ti, van para lados opuestos como los peces que te representan. Estas contradicciones internas te impiden pensar con claridad la realidad de tu vida. Todo lo filtras por la niebla de tus temores y especialmente de tus excesivos celos hacia tus seres amados. Además, eres tan soñador que puedes enamorarte de un desconocido a los cinco minutos y piensas que has encontrado el príncipe azul o la reina rosa, y luego el otro se esfuma como apareció. Pero tú sigues esperando que llegue el próximo para vivir un nuevo cuento de hadas.

Cómo anticiparte a la reacción de tu pareja Piscis

Tendrás que saber de antemano que su reacción, acción y pensamiento provienen de un carácter emocionalmente receptivo, romántico, sacrificado, mentalmente soñador e introvertido ante sus profundos sentimientos. En sus acciones es comprensivo porque sabe colocarse en el lugar del otro; es simpático, generoso y servicial.

Lo que más admira Piscis de su pareja

- Que seas muy compañero y protector.
- Que lo auxilies en los momentos que somatiza alguna enfermedad, aunque ésta sea imaginaria.
- Que le respetes el soñar y fantasear con temas irrealizables.
- Que sepas ser comprensivo y tener una palabra de compasión cuando su estima está en baja.
- Que le demuestres tu amor incondicional.
- Que seas muy racional y poco emocional para ver las cosas esenciales de la vida.
- Que seas una persona responsable y madura para tomar decisiones con respecto a la pareja y a la vida cotidiana.

¿Por qué es infiel Piscis?

Los piscianos, en los momentos de crisis emocionales, se vuelven muy inconscientes y autodestructivos. Incluso, pueden llegar a ser infieles frente a su pareja, porque no miden las consecuencias de sus actos. Pero como también son muy soñadores, siempre esperan que otra persona los salve del naufragio emocional que sienten. Pueden ser infieles hasta con un desconocido, porque a los cinco minutos de conocerlo ya piensan que han encontrado al príncipe azul o a la princesa de su vida.

Cómo conquistar al hombre de Piscis

¿Un hombre misterioso . . . ?

Si el hombre que te interesa es de Piscis, te darás cuenta que suele ser a menudo misterioso, incluso para sí mismo. Es como un actor, interpreta su propia novela en el escenario, que él mismo va creando. Cualquiera que sea la forma en que se comporte, en su interior busca un alma gemela. No quiere la aventura de una noche, sino un compromiso desde el principio, pero el inconveniente está, en que a menudo, se engaña a sí mismo, porque se enamora y se fascina fácilmente. Pero también se desilusiona con la misma facilidad.

Debes hacerle creer que es el hombre de tus sueños. Por lo menos, así, estará un poco a salvo su frágil ego.

Cómo conquistar a la mujer Piscis

¿Podrás seducir a esta extraña soñadora . . . ?

Si crees que conquistarla puede ser fácil, te equivocas. No es tan sencillo como aparenta su risa compradora o sus nebulosos ojos soñadores. Es probable que ella se haya desilusionado una o dos veces en su vida, construyendo castillos en el aire y podría ser mucho más prudente ahora.

Demasiados hombres dieron por sentada su dulzura e inocencia y salieron con otras mujeres, sabiendo que ella estaría esperándolos. Si eso le ha ocurrido, no va a permitir que ocurra otra vez.

Suelen pensar que son las únicas personas en el mundo que tienen sentimientos.

PISCIS EN SOCIEDAD

¿Qué perfil muestra a los demás?

Se muestra como una persona imaginativa y con fuertes dotes de fantasía para encandilar y motivar a otros. Conoce cómo manejar la forma de cautivar a las personas que le rodean. Se apoya en su intuición para aprovechar situaciones. Su sensibilidad lo conduce a penetrar psicológicamente en los más recónditos lugares del alma humana. La música es su mejor relajante.

Cómo reconocer a Piscis en la multitud

Cuando observes a un nativo de este signo lo recocerás rápidamente por su indumentaria clásica pero con ciertos toques de romanticismo y sensualidad. Su mirada será soñadora y sus ojos, melancólicos y buscando afecto, fidelidad y aprobación. Sus rasgos, son los de una persona un poco más cansada de lo normal y sus comentarios parecen sacados de una novela de teleteatro hasta con un toque poético. Su forma de hablar será clara no así lo que dice porque a los piscianos les gusta hablar como cantando una melodía.

Cómo funciona la energía de Piscis

La energía de este signo se dirige en forma natural hacia lo místico y esotérico, pero también hacia lo artístico. Suelen ser poetas, músicos, pintores. También tienen destacadas condiciones para curar, ayudar, cuidar o entregarse al otro. Poseen una energía tan receptiva que deben canalizarla en el arte, en algo que tenga que ver con la belleza. Tienen que cuidarse de su excesivo misticismo. En realidad, buscan integrar el cosmos como único referente. En este caso, el orden perfecto es el universo donde se sienten partícipes en todo momento, sintiendo que pueden compartirlo con la humanidad.

Cómo se libera Piscis

Cuando buscas tu lado libre surge en ti una gran necesidad de liberarte de las restricciones sociales. Es probable que, en esos momentos, te sientas muy diferente al resto de las personas y por eso te cuidas de expresar muchas de tus verdaderas opiniones: así desaprovechas tu potencial creativo.

Lo importante es que eleves tu dependencia de la mirada de los demás, para formar tu propia visión interior. Sólo así serás realmente libre de todos los condicionamientos externos.

Los lugares por donde elige pasear

Para que los soñadores y aromáticos piscianos se encuentren felices tienen que diagramar salidas que posean las siguientes características:

- Este signo es muy fácil de conformar. Basta con estar en la cama con su pareja o amante, muy mimados, con su comida y un programa de TV o película favorita, estarán más que locos de alegría.
- También, para las piscianas, una cena romántica acompañada de una serenata, las hará sentirse en la gloria. Igualmente si les recitan una poesía susurrada con cariño al oído.

Los mejores regalos para él

Para los piscianos un par de zapatos o zapatillas cómodas son el regalo más deseado, porque siempre sufren de dolores de cabeza por problemas ortopédicos en sus pies y no encuentran el accesorio útil para su ropa. A ellos les encanta salir de compras a un centro comercial y chequear todo lo que hay en el mercado. Otro regalo que valoran es un par de lentes para sol, porque tienen los ojos siempre como llorosos. Un libro de su autor preferido puede encantarle. No son muy exigentes con los regalos, como la mayoría de las personas, pero en el día de su cumpleaños o en alguna fiesta especial, nunca te olvides de darle su obsequio.

Los mejores regalos para ella

A las románticas y soñadoras piscianas, les gusta recibir osos de peluche, una poesía o flores. A las más sensuales, un perfume o una prenda de seda íntima, les fascinará. Pero nada mejor que una carta de amor escrita por su enamorado.

También pueden ser materialistas y reclamar regalos, dinero o cualquier cosa que se les ocurra. Serán adictas a los regalos. Cuando te encuentres con este tipo de pisciana, lo mejor es invitarlas a lugares exóticos y decirles que ese es un regalo. Así, no te molestarán como los niños cuando pasan por un negocio de golosinas.

La amistad para Piscis

Los piscianos buscan sentirse necesitados y, por lo tanto, a menudo dan sin pedir nada a cambio para luego, sentirse retribuidos de la misma manera. Les gusta tener amigos que compartan su amor por la vida. Alguien que pueda disfrutar visitando una galería de arte o que los acompañe a pasar una tarde en el campo soñando, pintando, leyendo o intercambiando ideas. Éste sería un amigo perfecto para Piscis.

Cómo es el hogar de Piscis

El ambiente hogareño de Piscis debe ser armonioso energéticamente porque ellos absorben las energías del exterior, especialmente las negativas. Deben estar atentos a las energías emocionales de los demás, especialmente no deben rodearse de personas demasiado negativas o melancólicas porque se magnetizan con esa energía.

El día afortunado para Piscis

Jueves: del latín *jovis dies*, día de Júpiter. En la mitología romana es Zeus, el dios del cielo, de la luz del día, del tiempo atmosférico. Júpiter también era el planeta que regía antiguamente Piscis, pero en la actualidad el regente es Neptuno. Hijo de Cronos y de Gea, el dios Neptuno vive en un maravilloso palacio en el fondo del mar. La astrología esotérica designa a Júpiter como maestro espiritual de Piscis.

¿Qué carta del tarot le corresponde a Piscis?

Cada carta de tarot representa un arquetipo energético interno y tiene su correspondencia con tu signo del zodíaco, determinando características de tu personalidad.

Los nativos de Piscis están representados por la Carta XVIII: La Luna.

Cualidades: Sacrificio voluntario por una creencia o ideal, amor o persona amada; entrega a ciegas, misterio, secretos ocultos, deseos de trascender lo material, cambiar las comodidades materiales por el progreso espiritual.

Piscis y el dinero

En Piscis, el interés por las cuestiones materiales depende de la disposición afectiva en que se encuentre. Sabe cooperar materialmente cuando su capacidad sentimental es motivada. Puede correr el riesgo de encandilarse en proyectos muy ilusorios y arrastrar pérdidas económicas y energéticas considerables sólo por amor. Las amistades o afectos de los piscianos juegan un papel importante para activar sus dotes económicas. Este signo, también, invertirá sus ganancias en ocupaciones desconocidas para los demás, a los que luego sorprenderá sólo por diversión.

Piscis y las mentiras

Los piscianos son personas muy soñadoras y románticas, que se enamoran todo el tiempo; por lo tanto, necesitan mentir para retroalimentar esos amores. Para mantener oculta una información, nada mejor que un nativo de este signo. Para hacer una obra de teatro y avalar una mentira, también son profesionales. Para el amor y la trampa nada mejor que un pisciano necesitado.

CONCLUSIÓN ERÓTICA

El éxtasis será inagotable cuando sientas que cada átomo de tu ser vibra con toda la potencia más allá de lo conocido. Cuando esa parte extraña, nueva, diferente inunde y explote sin cesar. En aquel momento la plenitud será tan intensa que hasta a muerte podrás llegar a palpar entre tus dedos.

Llegarás a penetrar sus texturas y podrás experimentar que son nada más que entretejidos de millones de diferentes sombras mágicamente luego de este acto de coraje alimentado por tu placer, todos tus miedos se desvanecerán.

Llegarás a implorar que ese segundo eterno permita que comprendas las risas de tus alegrías, como las lágrimas de tus tristezas que le dan una misma forma a tu rostro y se diluyen en ti.

Cuando realmente abandones la duda podrás expandirte y abrirte así simplemente te elevarás infinitamente. Entonces podrás ver a tu alma desnuda de emoción porque el don inmortal se manifestará para siempre en esa entrega. Los dioses con sus sonrisas se colocarán a un costado para darte la bienvenida en sus reinos.

Cuando toques el cielo con las manos y tu corazón fluya sobre la tierra, toda tu existencia tendrá verdadero sentido porque en ese maravilloso instante recordarás que nada de ti ocultaste.

Será un homenaje a toda la creación ese acto de amor. Te nombrarás a ti mismo para decirte:

Soy la unión y la entrega perfecta de mi cuerpo y de mi espíritu.
Ahora y aquí sé que soy libre hasta de mí mismo.

LLEWELLYN ESPAÑOL

lecturas para la mente y el espíritu...

MABEL IAM

¿Qué hay
Detrás
de tu
Nombre?

DESCUBRE TU DESTINO
ANGEL PROTECTOR
COMPATIBILIDAD ASTROLÓGICA

Mabel Iam

¿QUÉ HAY DETRÁS DE TU NOMBRE

Mabel revela en esta obra cómo emplear las
cualidades y los poderes en nuestro nombre para fortalecer el autoestima y mejorar
las relaciones con los demás. Contiene el
significado de las letras, la personalidad detrás
de los nombres, el Ángel correspondiente para
cada nombre y su compatibilidad astrológica.

5³⁄₁₆" x 8" • 384 págs.

0-7387-0257-9

Mabel Iam

SER ANGELICAL

El conocimiento de las capacidades humanas, las relaciones personales y los ciclos naturales de la existencia universal son parte integral de cada individuo. El desarrollo de estos modelos, junto a la invocación angelical, le ayudarán a encontrar la respuesta al significado de la vida por mediuo de la ayuda celestial.

6" x 9" • 264 págs.

0-7387-0633-7

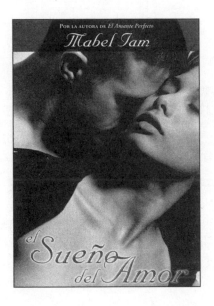

Mabel Iam

EL SUEÑO DEL AMOR

Descubra los factores mágicos que le ayudarán
a experimentar la magia del sexo a plenitud.
Prepare su casa o espacio erótico para lograr la
armonía deseada. Identifique las zonas eróticas
en el cuerpo y el papel que desempeñan
en la magia sexual.

6" x 9" • 264 págs.

0-7387-0578-0

Daniel Pharr

LA INFLUENCIA LUNAR
EN LA VIDA DIARIA

Esta lectura muestra los efectos que causa la
Luna sobre el individuo a través de los
12 signos astrológicos. Anticipe cuál es el
momento más apropiado para actuar en
situaciones emocionales, de trabajo o
planear una velada romántica.

6" x 9" • 240 págs.

1-56718-523-1

CORRESPONDECIA CON LA AUTORA

Para contactar o escribirle a la autora, o para mayor información sobre este libro, envíe su correspondencia a Llewellyn Español para serle remitida a la misma. La casa editorial y la autora agradecen su interés y sus comentarios sobre la lectura de este libro y sus beneficios obtenidos. Llewellyn Español no garantiza que todas las cartas enviadas serán contestadas, pero le asegura que serán remitidas a la autora:

Por favor escribir a:

Mabel Iam
℅ Llewellyn Español; Dpto. 0-7387-642-6
2143 Wooddale Drive
Woodbury, MN 55125-2989 U.S.A.

Incluya un sobre estampillado con su dirección y $US 1.00 para cubrir costos de correo. Fuera de los Estados Unidos incluya el cupón de correo internacional.

¿QUÉ LE GUSTARÍA LEER?

Llewellyn Español desea saber qué clase de lecturas está buscando y le es difícil encontrar. ¿Qué le gustaría leer? ¿Qué temas de la Nueva Era deberían tratarse? Si tiene ideas, comentarios o sugerencias, puede escribir a la siguiente dirección:

Ximena@llewellyn.com

Llewellyn Español
Attn: Ximena, Adquisiciones
2143 Wooddale Drive
Woodbury, MN 55125-2989 U.S.A.
1-800-THE MOON
(1-800-843-6666)

MANTÉNGASE EN CONTACTO...

Visítenos a través de Internet, o en su librería local,
donde encontrará más publicaciones sobre temas relacionados.

www.llewellynespanol.com